人脉的重建

从读懂自己开始

刘之翊◎著

龙门书局

图书在版编目（CIP）数据

人脉的重建：从读懂自己开始/刘之翊著. —北京：龙门
书局，2012.5
    ISBN 978-7-5088-3672-0

    I.①人… Ⅱ.①刘… Ⅲ.①星座—关系—人际关系
—通俗读物 Ⅳ.①C912.1-49

    中国版本图书馆 CIP 数据核字（2012）第 091993 号

责任编辑：周晓娟　耿璟宗　胡文锦 / 责任校对：郑晓红
责任印刷：华　程　　　　　　　　/ 封面设计：彭　彭

龙门书局 出版

北京东黄城根北街 16 号
邮政编码：100717
http://www.sciencep.com

中国科技出版传媒集团新世纪书局策划
三河市李旗庄少明印装厂印刷
中国科技出版传媒集团新世纪书局发行　　各地新华书店经销

*

2012 年 6 月 第 一 版　　2012 年 6 月第一次印刷
开本：16 开　　　　　　　印张：16
字数：245 000

定价：32.80 元
（如有印装质量问题，我社负责调换）

　　每个人都有自己的特质。有些人就是身段柔软，善于运用关系，能抓住契机；有些人就是直来直往，有棱有角，人际关系需要多加磨合；有些人就是心态随缘，人际交流比较被动，随兴而为；有些人就是生活圈子固定，每天两点一线地生活着，人际互动单纯而规律。不论是何种特质的人，都可以有出色的人脉网络，都会遇到与自己投缘，在工作、生活中惠我良多的贵人。

　　每个人都有自己经营人际关系的习性，这是天性。顺着天性做，会比较开心，只要知道窍门、误区在哪里，趋利避害就好。个性影响命运，要发挥自己的特色、优点，规避可能犯的错误，就应该从了解自我开始。如果不了解自己，想一味地照着书本的指示去做，恐怕你在人际关系上就会跌跌撞撞，少不了波折。如果能先弄清楚自己的优缺点，再来谈人脉的经营，就会事半功倍，少走些弯路。

　　了解别人是精明，了解自己是智慧。本书的目的，就是要透过简单的人脉建设方法，帮助读者了解自己，进而扬长避短，把自己强的一面、讨人喜欢的亮点展现给别人看，避开自己不太好的、会让人嫌恶的一面。本书还点出职场中你的贵人可能具有的特质，及职场中人际交往的道理，有助于读者缩短在职场拼搏的摸索期，尽早确认对自己有利的人际关系。

本书从人的个性的12个类型切入，分别陈述"性格特征"及"人脉经营心法"，再将每个类型细分为8种更深层的个性，每位读者都有各自归属的性格类型，可以由出生年月日结合书中方法查询得知。

所谓"知己知彼，百战不殆"，对于自己认识的人，不论对方是你的领导、同事、同学、朋友，还是亲人，都可以借由本书介绍的方法得知对方的特质，作为彼此互动时的参考，从而使你在人际交流上更顺畅些。

每个人都不是孤单的，和你性格类型一样的大有人在。文中附上600多位中外名人的性格及人脉分析供读者参考，其中有些人的人际交往模式或许能成为你的人生范例。本书还列举了130多个中外案例，分别说明了不同人的个性上的亮点，如果能好好发挥，任何性格的人都可以成就一些事，让旁人刮目相看。

人的一生，七分靠努力，三分靠机遇。不论是靠自己，还是讲究"天时地利人和"，了解自己都是经营人生的重要一环。《人脉的重建：从读懂自己开始》这本书，帮助读者回归原点，从心出发，了解自己在面向各种人际交流时的本能反应，从而在交际场取长补短、顺势而为，建立更圆满、更让人愉悦的人脉网络。

目 录 Contents

目 录 Contents

白羊座

3.21～4.20

白羊座的性格特征

有强烈的个人色彩

　　他是位国际巨星，多年前一位大导演慧眼识英雄，想找他做李小龙的接班人，并取了现今仍使用的艺名——成龙。在初期，他并不成功，直到另一位导演找他拍了《蛇形刁手》和《醉拳》之后，成龙（白羊座）才崭露头角，成为影坛的抢手货。

　　除非是环境所限，自我意识很强的白羊座非常适合能自由发挥、想怎么做就怎么做的工作。任何跟白羊座相处过一阵子的人，都能说出白羊座的一些特质，因为那些特质明明白白地摆在那儿，很难让人不注意。

　　沿袭旧制、萧规曹随这样的做事方式不是白羊座的风格。他就是会做出不一样的东西，就是要显得跟别人不一样。如果要求白羊座仿效别人，跟他说别人都这样，你也跟着做吧，肯定会让他郁闷。

　　当年挑选成龙来拍武侠戏的导演罗维，原本是打算把成龙培养成李小龙的接班人，但并不成功，这让成龙好生郁闷。直到拍了《蛇形刁手》，成龙特有的身手及风趣调皮的风格得到展示后，他才开始大放异彩。

不喜欢受制于人

　　英国知名歌手艾尔顿·约翰（Elton John）与朋友组合的乐队，1966年成了当时著名蓝调歌手朗·约翰·鲍德里（Long John Baldry）的支持乐队，并经常在英国各地演出。但是后来，朗·约翰·鲍德里加强了对这个乐队的控制，艾尔顿·约翰（白羊座）便离开了乐队，并认识了日后交情匪浅的专辑经理人及作词人，同时也改成了这个使用至今的名字。

白羊座不喜欢被人管、被人念叨，不喜欢旁人对他的事指指点点，他私人的事会自己处理，无须旁人插嘴。一件事如果要看人脸色，处处请示，或是要压抑、隐忍自己的好恶，白羊座宁可不做。

白羊座不只是不喜欢被人管，也不喜欢受拘束。如果一直做一件事，或是待在一个环境里，就算是没人管，只要白羊座觉得拘束，不够自在（例如要顾及别人的个性、习惯，要留意别人可能的反应），久了他就会受不了，想摆脱。

白羊座喜欢做自己的主人，凡是跟自己扯上关系的，他都喜欢做那个拍板定案的人，即使是配合别人时，该怎么做，这权力也要掌握在自己的手里，不是别人叫他做什么，他就乖乖去做。乖乖地听从别人，臣服于人、矮人半截的感觉，自尊心强的白羊座很难接受。

白羊座有很强的自我意识，很多事都会以自我为重心，自己喜欢最重要，自己要不要最重要，他不会委屈自己，先满足自己的需求，之后才会考虑别人。

勇于尝试

台湾省抗癌作家曹又方（白羊座），自1998年得知罹患晚期癌症后，乐观抗癌10年，远远超过当初医生说的6个月。她觉得传统葬礼庄严有余、好玩不足，便想为自己办一个温馨的、好玩的、好看的生前告别式，她说："在葬礼上，朋友都会把最美好的话说出来，那我为什么不活着的时候听这些赞美……"

颓丧，愁眉苦脸，畏首畏尾，这些神色不会体现在白羊座的身上。白羊座给人的印象是精神好，不怕挑战，喜欢尝试，喜欢别人对他行注目礼。白羊座不会安于现状，新生事物对他永远有吸引力，因为新生事物代表会的人少，愿意做的人少，有刺激感，获得的鼓舞也多，这正是白羊座想要的。

白羊座是永远的第一名。不是说他考试第一，运动第一，业绩第一，人缘第一，而是一定有些事他是同伴中第一个去做的，第一个拥有的，或是第一个达到的。当然，那些考试、运动等项目若是也能拿第一，更能增加他的满足感。白羊座不喜欢被人冷落，不喜欢落于人后，只有干了什么是第一个，才能得到注目，而受人注目会让白羊座做事很带劲儿。

白羊座对已经过去的事，不论是好是坏，不大会沉湎，顶多偶尔想起，他永远往前看，只注意眼前的事物。白羊座喜欢创新，因为新的东西代表往前走，代表有挑战，也代表机会。只要有新的事物，白羊座便会热情起来，摆脱一成不变的步调，让自己过得不一样。

做事不喜欢拖泥带水

当老公拉着席琳·迪翁的手，脆弱地说"我需要你"时，歌唱事业如日中天的加拿大"天后"，没多久便宣布暂别歌坛，以便全心全意地照顾患癌症的老公。为了这一句"我需要你"，席琳（白羊座）勇敢地撑起了家，鼓励老公和病魔作战。本来，两人婚后一直想获得爱情结晶，但尝试了六年仍没有结果。这时，老公病了，席琳比任何时候都更迫切地想要一个孩子，她和老公尝试人工授精，经过五个多月的努力，终于成功了。

白羊座做事常凭一股劲儿，劲头在，便勇往直前，不怕累、不怕苦，非搞定不可；这股劲儿不只是在他日常生活中看得到，在职场中拼搏时也常看到。白羊座好胜心强，不喜欢被人看扁，只要是他心动的事，非做到不可。

但如果劲头不在，白羊座不只动不起来，甚至做了一半的事，也容易不了了之。什么情况会让白羊座失去劲头？没人肯定是最主要的原因。激励、赞美的话，他人的注意，都会燃起白羊座的斗志，哪怕成功概率不高也没关系；被人泼冷水，没人注意，冷飕飕地对待，这些都会浇熄白羊座的兴头。一个没人欢呼的战场，白羊座是不想披上盔甲的。

一件事只要动了起来，白羊座就想早点告一段落，不会拖在那儿，或任由那件事没动静、没进展。白羊座不喜欢老惦记一件事，只要是该做的，他一有空就会去做，绝不会搁着拖着，处理完了，他好接着去忙别的。

白羊座也不喜欢等待，不论是等人，还是等事情。如果有个人（或有件事）让白羊座等久了，他会变得不耐烦。

白羊座跟人相约，经常是提早动身，提早到。答应别人的事，也经常是提前完成，提前交差。白羊座给人的印象，经常是反应快，动作麻利。

对笨手笨脚、反应慢半拍的人，白羊座不大有耐心。一件事经过他数次解说后，对方仍不理解时，他会渐渐失去耐性。白羊座欣赏做事利落、风风火火、又快又好的人。干脆、爽快、灵光的人，往往跟白羊座是志同道合的朋友。

白羊座的人脉经营心法

多等一下会更有好评

忍耐是痛苦的，但它的果实是甜蜜的。——卢梭

一马当先，抢先一步，身先士卒，剑及履及，这些积极而且跟速度有关的字眼，常常跟白羊座连在一块，这些正是白羊座的处世风格。但是，快不一定好，功成之后不一定名就，在勇往直前的过程中，白羊座可能会得罪很多人，事成之后，他会遭遇许多人际嫌隙，明的、暗的都有。

做事有担当、有魄力、有效率的白羊座，如果在人际互动上多一点细致，多一点圆融，更能赢得他人的好评。这样，不但事情能成，也会得到更多的朋友。

多等一下，是白羊座求圆融的第一步。不耐拖拖拉拉的白羊座，常给旁人带来无形的压力，即使他没说什么话，眼神表情也早已表达出来了。白羊座要多提醒自己，不要第一时间做反应，要多等一下，看看情形再说。如果令人不耐、不悦的情况仍没消解，再做反应也不迟。多几个人知道你所面临的情况，做反应时会有更多的共鸣。第一时间出头，白羊座不一定能博得美名，还容易得罪人，养成习惯之后，黑脸越扮越多，想要再慈眉善目就不容易了。

多想一下会更有魅力

听宜敏捷，言宜缓行。——英国谚语

白羊座天性爱玩、调皮，搞笑玩乐时极具感染力，经常凭着一股热情，带动周遭气氛。白羊座的个人魅力在轻松的场合尤能发挥得淋漓尽致；但在做事的时候，由于求效率、重视目标的达成，在人际互动上就没那么亲和，也不会那么幽默地看待事情。

白羊座在处理事情时，比较欠缺人际手腕，直来直往的个性，经常让人不舒服。要让白羊座时刻去在意别人的感受，可能有违他的天性，但不妨多利用与生俱来的幽默感，偶尔带上比较调皮的个性，会比直白地说话来得可爱些，既不违天性，又能展现个人魅力，同时做好想做的事。

因电影《钢铁侠》咸鱼翻身的小劳勃·道尼（纯白羊座。什么是纯白羊座，后文会说明），在回答记者问的蠢问题"你最希望拥有哪种超能力"时，他停顿一下后答复道："依照统计，女人想飞，男人想隐形，我希望能够拥有让媒体在四秒内结束的超能力。"这种调侃，是带有幽默感的答复方式，不仅没惹恼记者，反而还成为记者报道的重点，同时让许多读者会心地一笑。

将条条框框视作十八铜人阵

若是一生一帆风顺，你怎会勇敢？——玛丽·泰勒·穆尔

白羊座不喜欢受限制，不喜欢受制于人，但是一个组织总有不少的规章，有不少的流程，尤其是成立已久的大企业，条条框框特别多，不论是明文规定，还是"潜规则"，白羊座待久了都会觉得处处受限，这种心理有时会波及人际关系。

白羊座可以这么看，规矩多是因为人多，你其实在人多的地方比较容易崭露头角，因为肯拼肯闯的你，在和稀泥吃大锅饭的人比较多的公司内，很容易因担当要务而冒出头。不妨将那些条条框框当做锻炼，每过一关你就变得更强。

白羊座处在企业内比较适合接手新业务，或进入新成立的单位。一切从零（重新）开始的舞台，比较适合喜欢创新、喜欢搞突破的白羊座。包袱少，条条框框比较少，以"打天下"为目标的环境，更利于白羊座发挥自己的特长。白羊座具有独当一面的能耐，只要告诉他哪件事由他负责，他就能闯出个名堂。

就算不会拍马屁，起码要会逢迎

风趣是说话的调味品。——W.哈兹里特

白羊座不善于巴结，也不会在人前毕恭毕敬地说些谄媚的话，即使他明知道说了别人会高兴，但好强嘴硬的白羊座就是软不下这个身段。

虽不会拍马屁，但白羊座可以用独特的方式去讨别人的欢心，迎合他人的喜好。白羊座心思敏锐，幽默感十足，直白的谄媚话如果说不出来，就可以用风趣的方式，拐个弯夸别人，逗别人开心，让听的人仍能感受到好意。

白羊座善于在人群中制造气氛，如果顺着对方的喜好，将讨喜的焦点聚集在那人的身上，不但没有掏心挖肺、奴颜婢膝的嫌疑，而且一样产生好的效果。传统的拍马屁招数，白羊座真的做不出来，但搞个有新意的、有特色的手法，白羊座却是在行的。

不要老发光，偶尔要收敛

一个篱笆三个桩，一个好汉三个帮。——刘欢的《世界需要热心肠》

白羊座爱表现，喜欢别人注意他，讨厌被冷落。聚会的场合，如果一群人正笑闹着，而一时没人搭理坐在角落的白羊座，通常他会挤到人群中，伺机说几句俏皮话来争取他人的注意。职场中，白羊座也常因为承担要务，或接了没人愿意干的事而崭露头角。

但任何事不是只靠一人就能做成，而是靠一群人各司其职的配合才能成功。自我意识较强的白羊座很容易陷入"全都靠我"的迷思中，只看到自己努力，没看到别人默默做了许多事。同样的，不肯闷不吭声的白羊座，在聚会的场合若老是霸着麦克风，或老是抢着发言，结果自己开开心心的，却可能在无意间挤走了一些朋友。白羊座如果想有更好的人际关系，适时收敛是个重要的心态，让别人也能出个风头，让别人也能开心一阵子。白羊座要谨记，当你抢尽风采时，其实同伴也变少了。

不能光做脱兔，也要能做处子

> 蹲下是为了跳得更高。——罗斯柴尔德（Rothschild）

白羊座做事利索，讲求速度，经常做得又快又好。他是个行动派，事情不会只挂在嘴上，会即知即行，说做就做。白羊座在聚会上经常纵横全场，眉飞色舞，一副重要人物的模样。白羊座在人前静不下来，不论是做事，还是聊天交流，经常主导话题，指手画脚的。而私底下，当他一个人做着安静的事，比如看书、听音乐时，他也常会起身动一动，不会一直坐着。

白羊座动若脱兔，但很少静如处子，若要避免惹人嫌，进而创造人和，广建人脉，可以从练习做个处子着手。怎么做呢？比方说，跟朋友聚会时，练习做个听众，不要事事带头；跟人谈事情时，不急于下定论，练习多听多想；跟人交谈时，减少手势及降低嗓门，练习不疾不徐的说话速度；不认同别人的看法时，不急于表态，先看看其他人怎么说。总而言之，白羊座要练习慢一下，等一下，看一下，静一下，想一下，不要事事迫不及待。一个动静皆宜的白羊座，更能左右逢源；一个静若处子的白羊座，逮着时机时会有更大的爆发力。

不要老不在乎，适时的人性会更可爱

> 我需要，我感到害怕，我哭泣，于是我发现，你和我并没有什么不同。
> ——柯林·雷伊（Colin Raye）

自信强、脊梁直、骨头硬的白羊座，经常给人一种凡事不怕的印象，而他在人前也很少示弱服软。别人的批评，白羊座经常嘴硬不服，反唇辩解，面对自己明显的错误，白羊座很少低头承认；想要的东西，白羊座放不下身段开口跟人要。总而言之，要让白羊座服软很难。

但好胜想赢的白羊座，也可以这么想：既然动静皆宜更迷人，铁汉（铁娘子）柔情应该也是个万人迷。毕竟世界上的人有千百种，不见得个个都要以力服人，认个错，低个头，求个情，撒个娇，白羊座会发现，更多平凡人愿意跟你在一起。

劣不一定败

> 争一时也争千秋。——施振荣

白羊座做事积极，企图心强，在工作单位里很容易冒出头来，成为独当一面的要角，属于职场进化过程中适者生存的一方。反应快的白羊座看不惯做事拖拉磨蹭的人，因为他本人就是个效率达人。但白羊座要知道，并不是快就是赢家，抢先就是优秀的，赢了一仗，不代表整个战场都是你的。那些你眼中好像不怎么样的人，可能没你想的那么差。

白羊座好胜心强，求胜指标往往跟快慢、先后、高低有关，也就是赢的人应该是快的、先动手的、爬得高的。他衡量的时间往往是眼前当下，认为目前慢的人、还没动静的人、地位低下的人，都应该是输的，不如自己的。殊不知，如果把时间拉长来看，白羊座眼中的那些输赢优劣其实还没有定案，一切都还很难说。

白羊座要避免只凭眼前的高低先后，断定同辈间的输赢，这是影响人际交流的心态。职场的竞争并不是你赢我就永远没希望，我赢你就没戏唱。风水会轮流转，每个人都有登场唱主角的时候，白羊座不能因为一时的输赢，坏了人脉棋盘上的经营。

白羊座可以这么想，我现在虽落后了，但还没败，该干嘛干嘛，该交的朋友还是要交；或者这么想，我现在虽领先了，但路还很长，该干嘛干嘛，目前比我差的朋友还是要保持关系。白羊座如果能改变争一时的心理状态，把眼光放远，人际关系就会经营得长远，即使小输小让几次又有什么关系，贵人会越来越多的。

容忍一山有二虎

枝头结果越多，垂得越低。——托马斯·福勒（Thomas Fuller）

白羊座喜欢排除障碍，这是他克服困难、达成目的的精神表现。而被他排除的障碍，也包括挡在路中央的人。什么样的人会被白羊座视作障碍？动作慢、做事没效率的人，啰唆麻烦、影响他自由发挥的人，以及跟他一样头角峥嵘的人。

白羊座是竞争性强的人，很容易在一个单位内崭露头角，做出令人印象深刻的表现。对于表现也突出的其他人，白羊座的心中自然会有股争强好胜的斗志，很在乎彼此间的消长，有的时候较真到影响情绪，波及人际关系。白羊座要学会理解，自己不会是唯一一个站上峰头的人，自己有独占鳌头的一天，别人也有风光发达的时候，人的一生不是只有输赢，一时的输赢并不代表失败或成功。

职场如战场，没有永远的敌人，今日的对手可能是白羊座明日的贵人，爬上成功顶峰的方法，不见得只靠踩下别人，也可以携手共进。白羊座要这么想，假使你排除了对你有威胁的人，锋芒太露的结果是，你将成为有心者唯一的目标；或者当你跟竞争对手较劲激烈，无暇他顾时，可能会让第三者渔翁得利。体内流有霸道血液的白羊座，要学会跟人共享风光，欣赏别人行而你不行的地方。对与自己不相上下的人，与其让对方变成敌人，不如寻求和平共处的方式，让彼此各有一片天地。

与不疾不徐的人有缘

原本因吸毒，演艺事业一蹶不振的小劳勃·道尼（白羊座），因演出《钢铁侠》而东山再起。当初力挺他担任男主角，非要他不可的导演乔恩·费儒（Jon Favreau，也是戏中帮钢铁侠开车的司机），是个亲切温和的天秤座。

白羊座为何跟不疾不徐的人有缘？这事得从白羊座的长辈说起。白羊座小的时候，家里有位长辈（父母，或其他长辈亲人）性子比较急，常催促家人，另一人（父母中的另一人，或其他长辈）则是比较慢条斯理，事情只要不急就会慢慢来，很少催家人。

父母（或其他长辈亲人）就像是每个人的第一个老板，既训练我们、教导我们，也给我们待遇（吃住）。父母（或其他长辈亲人）具有什么样的特质，就代表职场中具有这种特质的人，更可能会给我们带来机会。这个磁场关系，在很早的时候就存在了。

白羊座若要遇到贵人，不妨依着上一代个性的特质（不疾不徐和性急），寻找自己性格基因中熟悉的味儿，天生的情分就在那儿。只要白羊座越了解自己，就越容易碰到对自己有利的人。

也与敢于突破的人有缘

除了自身的努力之外，碰对人往往对一个人的一生，起了临门一脚的作用。白羊座的人脉战略中，要找到对自己有利的人，除了要注意不疾不徐、慢条斯理的人之外，也该留意敢于尝试、性急直接的人，因为这两种人格特质，就存在白羊座的父母（或其他长辈亲人）身上，白羊座天生对这种特质的人有种熟悉感、亲近感。至于对方是什么星座的并没有一定关系，因为任何星座的人都可能有这样的特质。

凭借《我曾有梦》一鸣惊人的苏珊大妈（白羊座），当初给她满分的评委中，有喜欢创新与变化的水瓶女，也有开创《英国达人》这个选秀栏目的天秤男。

2000年小劳勃·道尼刚出狱时，有个电视制作人帮忙，让他在肥皂剧《艾莉的异想世界》中客串了一个角色，以便重新出发，这名制作人是个白羊座。

早些年曾跟小劳勃·道尼同居七年，鼓励他戒毒的女友莎拉·杰西卡·帕克（《欲望都市》女主角），也是个白羊座。

成龙早些年尚未成名时，是功夫导演罗维找他拍了人生中重要的一部戏，而罗维是个喜欢创新、冒险的射手座。让成龙成为香港影坛一号人物的《蛇形刁手》及《醉拳》这两部电影的导演则是开创许多先河的吴思远。

舒淇当年是由香港无厘头电影重要推手的王晶（金牛座）发掘的，而帮她转型成功的导演，是由演员转型做导演的尔冬升（摩羯座）。

8种不一样的白羊座

每年3月21日到4月20日出生的人，都是白羊座，但不是每个白羊座都是一样的个性，个性不同，人脉经营的诀窍也就不同。这是因为在这段时间，只是天上的太阳在白羊座，但影响一个人表达方式比较大的水星，不一定在白羊座；而影响一个人喜怒好恶比较大的金星，这段时间也不一定在白羊座。

白羊座的人，出生时的水星星座一定是双鱼座、白羊座、金牛座这3种之一，不会是别的。就像是玩拼图一样，不把白羊座的水星星座也考虑进来，组合不了这个人完整的个性。

白羊座＋水星双鱼座

在与别人交往的过程中，谈吐及修养是最能征服别人的。喜欢看书的女孩，她一定是沉静且有着很好的心态，一定是出口成章且优雅知性的女人。——杨澜写给女儿的十四条忠告

因为是水星双鱼的关系，这个白羊座比较感性，有才情，喜欢接触跟文艺有关的事物，如听音乐、唱歌、看书等。这个白羊座想得比较多，很多事会先想到不好的一面，或是留意会出状况的一面，顾虑的事多，做事也比较仔细。

这个白羊座跟人讲话时，比较在意他人的反应，害怕讲错话坏了气氛，有时也会不好意思当面拒绝人。不清楚别人的意思时，他会先客气地

兜着圈子，绕着讲。不过，他和自己人（家人、老朋友）讲话时会比较直接。会先察言观色是这个白羊座在拓展人际关系时的利器，但怕讲错话是这个白羊座跟人交流时的心理障碍，有些事情容易错过第一时间跟人说清楚、讲明白的机会。

这个白羊座如果是位白羊女，她喜欢跟朋友分享生活点滴，这是她跟人交流的习性，结交的朋友也多是能谈心的。如果是个白羊男，他在外头比较能跟人说些话，回到家就变得话少，大部分的时间是一个人做自己的事，不过他比其他的白羊男要感性、体贴一些，异性缘不错，职场上不妨多跟女性打交道。

成龙、杨澜、吕丽萍、曾志伟、马雅舒、三毛、张信哲、作家余华、吴兴国、陈乔恩、萧敬腾、朱德庸、夏达、梁咏琪、曹又方、选秀红人韩真真、黄裕翔（中国台湾首位主修钢琴全盲生）、中国台湾作家骆以军、中国台湾棒球运动员王建民、苏珊大妈、Lady GaGa、玛丽亚·凯莉（Mariah Carey）、黑眼豆豆女主唱Fergie、好莱坞女星瑞茜·威瑟斯彭（Reese Witherspoon）、丹尼斯·奎德（Dennis Quaid）等人，都是水星双鱼的白羊座。

白羊座＋水星白羊座

舌锋，是唯一愈用愈快的刀锋。——华盛顿·欧文（Washington Irving）

因为水星白羊的关系，这个白羊座原本就比较性急的个性被强化了，他做事更不会拖拉，行动果断力比较强，也喜欢直言不讳，常一针见血地表达看法。

耐性，是这个白羊座与人互动时要留意的地方。他本人虽然直率利落，但对磨蹭、反应慢半拍的人比较缺乏耐心；本人虽然干脆、不啰唆，但对磨叽、不干不脆的人容易不耐烦。这个白羊座只要对人多忍耐一下，对事多等一下，说话委婉一些，他直率干脆的个性会吸引更多的友谊。

徐静蕾、陈文茜、胡紫薇、刘烨、王刚、赵文卓、张梓琳、董洁、黄子佼、Hebe、柯以敏、联发科董事长蔡明介、预言金融危机的"末日博士"鲁比尼（Nouriel Roubini）、维多利亚·贝克汉姆（Victoria

Beckham）、好莱坞女星莎拉·杰西卡·帕克（Sarah Jessica Parker）、凯特·哈德森（Kate Hudson）、绮拉·奈特莉（Keira Knightley）、小劳勃·道尼（Robert Downey Jr.）、詹姆斯·弗兰科（James Franco）、沃伦·比蒂（Warren Beatty）等人，都是水星白羊的白羊座。

白羊座＋水星金牛座

我走得慢，但我从来不后退。——亚伯拉罕·林肯（Abraham Lincoln）

因为水星金牛的关系，这个白羊座比别的白羊座更固执、更执著，更不会改变已有的想法。他做决定前会斟酌得比较久，但一经决定就不会变。

这个白羊座有两种类型。一种是跟任何人都能攀谈几句，比较能跟人闲聊闲扯，哪怕跟对方还不太熟，给人的感觉是比较随和；另一种则要看情形，看对方是谁，感觉上不太好亲近。前者人脉比较广，常出门，职场生涯很多机遇是靠关系推介的；后者人际圈比较单纯，没事或没人约的时候就待在家里，自得其乐，事业上多是靠真本事、靠专业，而碰对人对其更为重要。

舒淇、葛优、井柏然、钟嘉欣、李香凝、傅天颖、姚元浩、英国女星艾玛·沃森（Emma Watson）、好莱坞女星克里斯汀·斯图尔特（Kristen Stewart）等人，都是水星金牛的白羊座。

白羊座的人，他的金星星座一定是水瓶座、双鱼座、白羊座、金牛座、双子座这5种之一，不会是别的。金星星座影响一个人的喜怒好恶，如果不把白羊座的金星星座也考虑进来，难以知道他跟人相处的全貌。

白羊座＋金星水瓶座

自主的人，是真正自由的。——苏格拉底

因为金星水瓶的关系，强化了这个白羊座想要出去逛逛看看，想要体验不同人、事物的个性。他比其他白羊座更不喜欢别人管他、干涉他，他自己的事会自己处理。他也更怕碰到啰唆的人，更不喜欢受约束，更不喜欢一成不变的生活步调，更爱接触新鲜事物。

这个白羊座在人前是友善的、亲切的，有吸引人亲近的特质，但是他其实不太喜欢别人没事常找他、黏他，如果是在他耳边絮叨更是不可以。他喜欢保有私人的空间，工作跟生活分得很清楚；人前怎么谈笑、怎么忙都行，但是要有私人的自由空间。

这个白羊座天生容易碰上跟自己的个性、脾气、专长很不一样的人，所以，这个白羊座在跟人交往时，除了前述贵人的特质外，不妨也注意一下跟自己有这些差别的人，会发觉彼此蛮容易投缘的。

工程师出身的蔡明介（白羊座），很了解工程师喜欢自由、讨厌繁文缛节的性格，因此从蔡明介到联发科主要的管理层，都相信无为而治，只问成果、不重过程的目标导向做法。在联发科很容易看到穿着短裤、一派轻松打扮的工程师，却不容易看到填满预约表的会议室。

这个白羊座有两种类型。一种是喜欢指挥人，另一种是很好商量、很好相处，不太跟人计较什么。前者多半是带头型的人物，人前颇有魅力，如果在人际互动中再多些细致的手腕，对事业帮助颇大。后者习惯跟熟识的人来往，人脉经营侧重在既有的关系上，因此老同学、老朋友、老客户，甚至是家人，对这人的事业比较重要。

韩雨芹、陈文茜、曹又方、李烈、彭于晏、联发科董事长蔡明介、中国台湾乡林集团董事长赖正镒、英国保育专家珍·古德（Jane Goodall）、英国摇滚男歌手艾尔顿·约翰（Elton John）等人，都是金星水瓶的白羊座。

白羊座＋金星双鱼座

人生得意须尽欢，莫使金樽空对月。——李白

因为金星双鱼的关系，增强了这个白羊座在人前的吸引力，当他展现亲和风趣的笑容时，特别能感染旁人。不过，他心情好跟心情不好时，给人的感受很不一样。他心情不好时，脸色不好看（有点臭），变得不讲话，旁人很容易就能察觉，不过他心情不好时多半发生在私底下，在熟人面前。

这个白羊座，喜欢过着好整以暇的生活步调，不喜欢临时有事。如果有人临时找他，得先约定好，他好有个准备。他对自己的生活步调，以及怎么过生活，有比较强的掌控欲，不喜欢生活被打扰。他平日最大的享受是跟谈得来的人，一边悠哉地吃着东西，一边随兴地闲聊。

这个白羊座，不喜欢临时有事乱了生活步调，对不在掌控内发生的事，容忍度比较低，如果连续出现，容易有情绪。他在人前很有魅力，尤其是那种事先讲好的聚会，他会在事前将个人调整到最佳状态，等待时刻的到来。但职场瞬息万变，很多事不是事先可以安排好的，作息会经常变动，这个白羊座除了要学习调适外，抽空找个安静的地方沉淀心情，也是个好方法，以免忍不住拉下脸时，给人不好的印象。

杨澜、徐静蕾、吕丽萍、作家余华、张梓琳、潘霜霜、梁咏琪、萧敬腾、姚元浩、梁文音、陈乔恩、加拿大歌星席琳·狄翁（Celine Dion）、英国女星埃玛·沃森（Emma Watson）、维多利亚·贝克汉姆（Victoria Beckham）、好莱坞女星瑞茜·威瑟斯彭（Reese Witherspoon）、莎拉·杰西卡·帕克（Sarah Jessica Parker）、凯特·哈德森（Kate Hudson）、女星克里斯汀·斯图尔特（Kristen Stewart）、《花花公子》创刊人休·海夫纳（Hugh Hefner）等人，都是金星双鱼的白羊座。

白羊座＋金星白羊座

控制自己的感情，否则你将会受它操控。

——古罗马诗人贺拉斯（Horace）

容易冲动，是这个白羊座在人际互动上要特别留意的。因为是金星也是白羊座的关系，这个白羊座比其他白羊座更容易冲动，常表现为冲动性花钱，冲动性找乐子，冲动性说话，冲动性发脾气等，不过他的脾气来得快，去得也快，通常发泄一下就没事了。这个白羊座在年轻的时候，一定有几回因一时的冲动，影响了人际关系，进而影响了工作，要到年纪稍大时，他才会渐渐学会克制自己。

也因为金星白羊，这个白羊座是个更直爽、更风趣，对朋友更热情直接，对喜欢的事更来劲的人，也更爱尝鲜创新，为自己做一些突破及改变。这个白羊座如果学会克制脾气，将心里的那股冲动劲转化为工作上的热情，对事业会有很大的帮助。

舒淇、刘烨、曾志伟、吴兴国、朱德庸、夏达、傅天颖、钟嘉欣、李香凝、选秀红人韩真真、苏珊大妈、Lady GaGa、玛丽亚·凯莉（Mariah Carey）、好莱坞女星绮拉·奈特莉（Keira Knightley）、小劳勃·道尼（Robert Downey Jr.）等人，都是金星白羊的白羊座。其中小劳勃·道尼、绮拉·奈特莉、刘烨的水星也是白羊座，所以他们是纯白羊座的人。前述提到有关白羊座的性格特征及人脉经营心法，对纯白羊座的人而言会更强烈些。

白羊座＋金星金牛座

习惯使我们安于一切。——埃德蒙·柏克（Edmund Burke）

因为金星金牛的关系，精力充沛的白羊座一回到家就变得比较慵懒，不急的事会先搁着，在家能轻松过就轻松过。如果没事，他可以睡得比较久，跟收拾、整理有关的家务，多是看心情而定，如果有人代劳，他会乐得让别人做。

这个白羊座做事比较踏实，勤勤恳恳，肯操劳，不过，他是属于"出门一条龙，回家一条虫"的个性，工作的时候（或忙起来）精神奕奕，一回到家就变得比较懒，只想休息。

他的修养会随着年龄的增长越变越好，变得不轻易发脾气，也不那么容易冲动。他在不熟的人面前，刚开始会比较矜持，不能很快就放得开，在熟人面前才会比较多话。他跟朋友聊天喜欢聊轻松有趣的话题，不爱聊严肃的话题。

这个白羊座对人、事、物有偏爱某个味、偏爱某个调调的倾向，习惯性比较强。例如，某种食物很爱吃，吃不腻；某种玩意儿特别爱，经常玩；跟某些人经常在一起，不会腻；某种工作做不腻，乐在其中等。他喜欢有质感的事物，享受生活带来的乐趣。他喜爱的东西是他不可缺少的生活重心，而且不大会变。他对老朋友很好，是个忠诚可靠的朋友，不过要跟他建立关系，最好有相同的爱好或共同经历过一些事。

对于这种白羊座来说，职场的人脉经营战略是：最好多跟熟识的老关系打交道，他感觉会自在些，做起事来也比较容易得心应手。

成龙、葛优、井柏然、马雅舒、三毛、张信哲、黄子佼、Hebe、柯以敏、黄裕翔（台湾省首位主修钢琴全盲生）、台湾省作家骆以军、台湾省棒球运动员王建民、鲁比尼（Nouriel Roubini，预言金融危机的"末日博士"）、黑眼豆豆女主唱菲姬（Fergie）、好莱坞演员丹尼斯·奎德（Dennis Quaid）、沃伦·比蒂（Warren Beatty）、詹姆斯·弗兰科（James Franco）等人，都是金星金牛的白羊座。

白羊座＋金星双子座

微笑是人类最美丽的表情。

——戴维·塞尔旺-施莱伯（David Servan-Schreiber）

因为金星双子的关系，这个白羊座有两种类型。一种是看到任何人都能聊上几句，即使是不熟的也一样；另一种则要看人、看情形，在不熟的人面前，会变得矜持。前者喜欢跟人接触，比较有亲和力，看到人时多半会笑脸相迎，工作形态最好是站在第一线，多跟人互动的；后者的个性比较低调，习惯跟熟人相处，工作形态最好是跟固定的对象互动，不需常常生张熟魏的。

这个白羊座如果是个白羊男，他跟朋友聊天时，要比私下在家里的时候活泼许多，他在家里比较静，常一个人忙自己的事。如果是个白羊女，她喜欢跟家人或熟人分享生活点滴，至于在外人面前，则要看情形。

胡紫薇、王刚、赵文卓、董洁等人，都是金星双子的白羊座。

白羊座的人，出生时水星是什么星座的，金星是什么星座的，以下附了两张表，供出生在1950年到1990年的白羊座查看。

表一　不同水星星座的阳历出生日期

年	水星双鱼	水星白羊	水星金牛
1950	3.22~3.24	3.25~4.8	4.9~4.20
1951	无	3.22~4.1	4.2~4.20
1952	无	3.21~4.19	无
1953	3.21~4.17	4.18~4.20	无
1954	3.21~4.13	4.14~4.20	无
1955	3.22~4.6	4.7~4.20	无
1956	3.21~3.28	3.29~4.12	4.13~4.19
1957	无	3.21~4.4	4.5~4.20
1958	无	3.21~4.2	4.3~4.10
1959	无	3.22~4.20	无
1960	3.21~4.15	4.16~4.19	无
1961	3.21~4.10	4.11~4.20	无
1962	3.21~4.2	4.3~4.17	无
1963	3.22~3.25	3.26~4.9	4.10~4.20
1964	无	3.21~4.1	无
1965	无	3.21~4.20	无
1966	3.22~4.17	3.21，4.18~4.20	无
1967	3.22~4.14	4.15~4.20	无
1968	3.21~4.6	4.7~4.19	无
1969	3.21~3.30	3.31~4.14	无
1970	3.21~3.22	3.~23~4.6	无
1971	无	3.22~4.1	4.2~4.18
1972	无	3.21~4.19	无
1973	3.21~4.16	4.17~4.20	无
1974	3.21~4.11	4.12~4.20	无
1975	3.22~4.4	4.5~4.19	无
1976	3.21~3.26	3.27~4.10	4.11~4.19
1977	无	3.21~4.2	4.3~4.20
1978	无	3.21~4.20	无
1979	3.29~4.17	3.22~3.28	无
1980	3.21~4.14	4.15~4.19	无
1981	3.21~4.8	4.9~4.20	无
1982	3.21~3.31	4.1~4.15	4.16~4.20

年	水星双鱼	水星白羊	水星金牛
1983	3.22~3.23	3.24~4.7	4.8~4.20
1984	无	3.21~3.31	4.1~4.19
1985	无	3.21~4.19	无
1986	3.21~4.17	4.18~4.20	无
1987	3.21~4.12	4.13~4.20	无
1988	3.21~4.4	4.5~4.19	无
1989	3.21~3.27	3.28~4.11	4.12~4.19
1990	无	3.21~4.4	4.5~4.20

※不确定自己是什么星座的，可以上星吧网查询（xingbar.com.cn）。

表二　不同金星星座的阳历出生日期

年	金星水瓶	金星双鱼	金星白羊	金星金牛	金星双子
1950	3.22~4.6	4.7~4.20	无	无	无
1951	无	无	无	3.22~4.15	4.16~4.20
1952	无	3.21~4.9	4.10~4.19	无	无
1953	无	无	4.1~4.20	3.21~3.31	无
1954	无	无	3.21~4.4	4.5~4.20	无
1955	3.22~3.30	3.31~4.20	无	无	无
1956	无	无	无	3.21~4.4	4.5~4.19
1957	无	3.21~3.25	3.26~4.18	4.19~4.20	无
1958	3.21~4.6	3.7~4.20	无	无	无
1959	无	无	无	3.22~4.14	4.15~4.20
1960	无	3.21~4.9	4.10~4.19	无	无
1961	无	无	3.21~4.20	无	无
1962	无	无	3.21~4.3	4.4~4.20	无
1963	3.22~3.29	3.30~4.20	无	无	无
1964	无	无	无	3.21~4.3	4.4~4.19
1965	无	3.21~3.25	3.26~4.18	3.19~3.20	无
1966	3.21~4.6	4.7~4.20	无	无	无
1967	无	无	无	3.22~4.14	4.15~4.20
1968	无	3.21~4.8	4.9~4.19	无	无
1969	无	无	3.21~4.20	无	无
1970	无	无	3.21~4.3	4.4~4.20	无
1971	3.22~3.29	3.30~4.20	无	无	无

年	金星水瓶	金星双鱼	金星白羊	金星金牛	金星双子
1972	无	无	无	3.21~4.3	4.4~4.19
1973	无	3.21~3.24	3.25~4.17	4.18~4.20	无
1974	3.21~4.6	4.7~4.20	无	无	无
1975	无	无	无	3.22~4.13	3.14~4.20
1976	无	3.21~4.8	4.9~4.19	无	无
1977	无	无	3.21~4.20	无	无
1978	无	无	3.21~4.2	4.3~4.20	无
1979	3.22~3.28	3.29~4.20	无	无	无
1980	无	无	无	3.21~4.3	4.4~4.19
1981	无	3.21~3.24	3.25~4.17	4.18~4.20	无
1982	3.21~4.6	4.7~4.20	无	无	无
1983	无	无	无	3.22~4.13	4.14~4.20
1984	无	3.21~4.7	4.8~4.19	无	无
1985	无	无	3.21~4.19	无	无
1986	无	无	3.21~4.2	4.3~4.20	无
1987	3.21~3.28	3.29~4.20	无	无	无
1988	无	无	无	3.21~4.3	4.4~4.19
1989	无	3.21~3.23	3.24~4.16	4.17~4.19	无
1990	3.21~4.6	4.7~4.20	无	无	无

※不确定自己是什么星座的，可以上星吧网查询（xingbar.com.cn）。

金牛座

4.21~5.21

金牛座的性格特征

固执，很坚持

她曾跟陶晶莹同被誉为台湾省天后主持人张小燕的接棒人，但有一天她毅然决然地放弃大好星途，赴日进修。她的经纪合约没到期，任凭经纪人怎么说都没用，她就是要回归平淡，做个朴实的穷学生。十多年后，曹兰（金牛座）开设日文补习班，做日文家教，快乐地过她选择的生活。

金牛座的固执是和善中带着执著，不是外显的，只有碰到事情时，旁人才会感受到他的坚持。而且，金牛座不是从小就显现这种特质，是随着岁月积累，随着独立自主，随着在某个领域或是在某个工作岗位上的立足，他固执的脾气才会越来越彰显，也才会让人在某些事情上，感受到他的倔犟。

金牛座给人的初步印象通常是和善、客气、好相处。金牛座喜欢给人这样的观感，因为他本身也喜欢跟这样的人相处，而置身在和善客气的气氛中，会让他的心情不错。金牛座也有情绪，也会发脾气，但大都是在私底下；在不熟的人面前，在社交场合中，在他在意的人面前，金牛座的举止言谈是温和的、让人愉悦的。

金牛座是越大越固执，尤其是当他被惹烦，或是有情绪的时候，脾气很硬，不会妥协、不会打折，不论是别人要他干的事，还是他要别人干的事，是怎样就是怎样，不大会转圜，有时会给人不够通情达理的印象。不过，大多时候，他给人的感受是客气有礼、好说话的，只有他感觉不被尊重了，不被当一回事了，被侵犯到了，或是他决意要做某事时，硬脾气才会出来。

金牛座也不大认错，这是他固执的另一种表现。别人不认同他的事，或是想纠正、改变他的事，他不大会改，就连明显的错误，他都会嘴硬不认。即使他的心里可能有一点点的认同，有一丝丝的后悔，他也不会表现出来。金牛座天生会反抗别人强加给他的东西，有的时候他会识时务地顺从，可是一旦他觉得可以了、够了，他会反弹，不像之前那么的听话。

韧性，很能熬

当年他只是电视台的一名信差，打杂的，但凭着对戏剧的痴迷，杜琪峰（金牛座）成了国际著名的大导演，获奖无数，同时还是娱乐集团的高层管理。

11岁时，他发着39度高烧，带病参加比赛连夺三冠。16岁时他膝盖受伤，仍咬牙参加比赛，夺得5块金牌，李连杰（金牛座）的拼劲，让当时在场的人都流下泪水。

他无父无母，年少轻狂四处游晃时，一时冲动打了警察。判刑前，年迈的爷爷哭求法官给他一个改过自新的机会，此举敲醒陈建州（金牛座），他决定洗心革面，用心做人，用行动证明自己能够变好。

金牛座不只有倔脾气，他也很执著，想要做到的事，会咬着牙硬撑着，只要那件事他喜欢，或是觉得值得。

金牛座个性实际，不大相信好事会从天上掉下来，宁可相信事在人为，有付出就会有收获。任何事情只要是值得做，会给金牛座带来好处的，例如赚钱、奖赏、器重、建立好关系等，金牛座就会发挥惊人的韧性，把事情做到底。

金牛座的熬功，不只是在有好处时才会发挥，在他不服气时，他不想被人看扁时，他想要达成某个目的时，那份坚持就会出现。不论金牛座平时给人的印象如何，只要他一旦硬起来，那份毅力将非同小可，吃再多的苦，花再多的时间，也不会放弃。就像是媳妇熬成婆一样，只要金牛座有使命感、有动机，他就会孜孜不倦地做，不去想前景如何，能不能成以后再说，埋头做就对了。

稳扎稳打，努力不懈

他进了电视台之后，什么都做过。做过导演，拍过专题，撰稿、编辑、设计、拍摄、主持，样样自己来，一个因缘际会，李咏（金牛座）接触了综艺节目主持的工作。

金牛座个性实际，对他而言，与其考虑太远的事、动不太实际的念头，还不如把眼前的事做好。一步登天的故事固然吸引人，但对金牛座而言，扎扎实实的底子，更让他有安全感。

每个人都或多或少需要安全感，而有底子是金牛座最大的安全感来源。底子可能是指家产、钱财等物质化的东西，也可能是指金牛座的经验、专长及稳固的人际关系。

金牛座个性务实、做事踏实，成长的过程中，每一个历练、每一道步伐，心里都像是有本账似的，很在乎值不值得，而这心态会随着年岁的增长越来越明显。金牛座衡量值不值得的标准，不是抽象的，不是形而上学的，而是自己有没有进步，有没有往前走，有没有为自己积累底子，不论那底子是有形的物质，还是无形的知识经验。

金牛座喜欢稳扎稳打地做事，一如他休闲时喜欢好整以暇地安排作息，稳稳当当，一切都在掌控之中。金牛座不喜欢瞎忙，或是白忙一场，虽然没人喜欢瞎忙白忙，但金牛座的心理会特别不平衡，觉得还不如把时间拿去干点别的，而如果瞎忙、白忙的原因，是因为没有想清楚，或好高骛远造成的，他会更恼。金牛座也不喜欢突然要去做自己不熟悉，或是挑战太高、超出能耐的事；金牛座对很多事都有自己的步调，喜欢细水长流一步一步来，乱了他的调子，或是强加给他不熟悉的东西，他会抗拒，初期也许会试试看，但次数多了会反弹。

需要充电

45岁时，《怒火山河》票房惨淡，恶评如潮，让他的演艺生涯陷入谷底。艾尔·帕西诺（Al Pacino，金牛座）只好重返剧场舞台，沉潜、自我流放四年后，50岁复出，迎向演艺事业的第二个高峰，并在1992年奥斯卡封帝。

长达8年的时间，他经历了断腿事故、怪病困扰，以及首次当导演，票房奇惨的遭遇，一度心灰意冷远赴美国，靠教拳为生。沉潜一段时日后，1991年的《黄飞鸿》，让李连杰（金牛座）迎向人生的另一个高峰。

每个金牛座的一生中，都会经历几次放空放下、转换心境的过程，充了电之后，接着又可以生龙活虎地迎接新局面。这点在金牛座的日常生活中就已显现。

金牛座是个很会找理由善待自己的人。每当金牛座忙完一些事，每当假日来临前，每当有件事让金牛座高兴时，就是他动念慰劳自己、犒赏自己的时候。如何慰劳自己？可能是吃好吃的，也可能是让自己放松一下，做点喜欢做的事，或是为自己买个盘算已久的东西，不一而足。金牛座工作时肯吃苦、能耐压，不过享受必在辛劳之后，必在心情轻松时，不会一直让自己忙着，不会让工作成为生活的全部。这紧张之后必会放松，辛劳之后必会享受生活，原本就是金牛座日常生活的节奏，这也预示着金牛座的人生也需要放下一些事，需要休息、需要充电，需要某种方式的沉淀，然后接着再上路。

蛮懂得享受

年满7岁后，他每年夏天都会去加拿大育空地区（Yukon）陪伴居住该处的父亲。徜徉在自然风光中，在湖面漂浮，在森林里玩耍，渐渐地让音乐家马修·连恩（Matthew Lien，金牛座）有了浓厚的环保意识。

他不喝酒，也不喜欢饭局。他不工作的时候，就是待在家里，听听音乐，练练书法，挑本好书来看。陈道明（金牛座）乐于享受独处的时光，喜欢过着单纯平和的生活。

美酒和雪茄是他生活里不可缺少的元素。拍戏时，导演杜琪峰（金牛座）会在片场到处摆满食物，家里有数个大酒柜，珍藏着从全世界各地搜寻而来的顶级红酒。

金牛座蛮懂得享受，这倒不是说，每个金牛座都爱锦衣玉食，都注重物质享受，而是指，金牛座很懂得怎么样对自己好，怎么善待自己，哪怕不花任何钱，只是悠闲地做自己喜欢做的事，对金牛座而言，就是一种享受。一旦金牛座爱上了某件事物，那件事物便会成为他的生活习惯，只要他有空，只要他想要放松自己，只要他想要对自己好的时候，他就会去做那件事。

金牛座知道什么是好东西，他天生具有什么是有潜力的、什么是有质感的，以及什么是粗糙的辨识能力。随着生活阅历的积累及经济能力的提升，金牛座一定会有几项生活嗜好供他逍遥自在，而那些嗜好，在旁人眼中是挺有质感的，或是花不少钱的。

金牛座喜欢过单纯的生活。他不喜欢在不喜欢的事物上花时间；在他的心里，厚爱自己，善待自己的时间都不够用了，哪里还有多余的时间跟人闲晃、消磨时间。金牛座也不喜欢复杂的人际关系，同样也是觉得太花时间了，还不如一个人或是跟几个志同道合的朋友做喜欢的事有意义。单纯的生活，意味着干扰金牛座享受美好事物的变量比较少，他比较好掌控自己的生活步调及时间，而喜欢对自己好一点，私人的时间越多，就越可以专注在自己喜欢做的事上。

金牛座的人脉经营心法

慢慢来没关系，自己喜欢最重要

他喜欢创作，但踏入歌坛的前三年，只能按照公司帮他打造的路线走，成绩平平，生活也很清贫。改换东家后，他拥有较多的自主空间，能够写歌，能够参与制作，王力宏（金牛座）迎向他人生的第一个高峰。

金牛座有倔脾气，原则性很强，喜欢的事、不爱的事，两者摆得很明显，旁人很难改变他。金牛座有温和、谦恭的一面，但不会委屈自己，不会为了迎合别人改变自己，别人若硬要他干什么，结果往往是适得其反。

寻常生活中的小事，金牛座的配合度一向很高，但如果涉及跟他的工作、生活方式有关的事情，他就很有原则了，而如果谁要勉强他，他骨子里的硬脾气就会被激发出来。

金牛座表面上看似好说话、好相处，但其实是很有原则的，底线清楚，不会改就是不会改。旁人有时会觉得金牛座的一些原则欠缺弹性，不太通情理，但也正因为金牛座这些义无反顾的坚持，才有他始终如一、令人欣赏的做事质量。

金牛座不太喜欢花心思去做人，比较想好好地做事。金牛座的人际关系是需要时间来培养的，他不求速成，也不看重表面关系，就跟他重视质量的态度一样，好东西是慢慢磨出来的。

硬脾气别来得突兀

他年轻时不可一世，喜欢挑衅对手，也曾经很没风度地向裁判吐口水，虽然成绩不错，但球迷却很少。直到年纪渐长，学会尊重对手，一改脾气火爆的形象，30岁后开始受到球迷欢迎，阿格西（Andre Agassi，金牛座）的职业网球生涯，后段反而渐入高峰。

金牛座虽有牛脾气，不过通常不会一开始就表现出来，也就是在还不熟悉环境、对工作还上不了手时，不会表现出来。金牛座初到一个新环境，或是刚接到一个新项目时，很守本分、很配合，领导要他干嘛他就干嘛，可塑性极高，可是一旦他跟人混熟了，表现也受肯定了，他的心思会渐渐变多，喜好也会渐渐出来，有些原本不爱做的事，会开始排斥，会开始挑，会开始跟人比较，自己的喜恶、个性会逐渐明显。

本来嘛，人往高处走，已经熟悉，没什么进步空间的事，任何人做起来都会意兴阑珊，不过对照金牛座以往任劳任怨，安分守己的表现，他开始显现喜好与排斥时，前后的落差往往会让人一时难以接受，尤其是居他上位的人。

金牛座的硬脾气，经常来得很突兀，本来事情不大，可以好好沟通的，往往因为金牛座突然的坚持，变得没什么回旋的余地，只有接受或不接受，没其他的路可走。

金牛座的人际关系，常因莫名所以的坚持，搞得别人有怨言，甚至伤及原本不错的人际形象。金牛座坚持所好，固是应该，但最好循序渐进，等自己真的站稳脚步了，再往自己想要的方向修正，不要因某个事件让自己突然硬起来，这样只会突显自己的不通情理。

听话、配合这事，金牛座做起来没有问题，因为大部分人在小的时候都蛮听大人的话。但跟人各执己见时，要心平气和地寻求共识，避免"只能这样，别无他途"的窘迫局面，是金牛座该学习的沟通之道。

不会奉承，不妨投人所好

逢山开路，遇水架桥，要学会投其所好。——民间谚语

金牛座人前客气有礼，行止有分寸，容易给人好印象，不过嘴巴不太甜，不大会说好听的话，更不会为了讨人欢心而刻意地奉承别人。

金牛座不大会花心思在做人上面，他比较在意的是做事，个性上有种"只要事情做好，就好了"的心态，再加上他很在意私人的闲暇时间，更不会为了别人而牺牲自己的悠闲时光。

喜欢做事，而且公私分明，这是金牛座的天性，无法勉强。不过，职场里难免会遇到需要来点手腕的时候，固执得不会奉承，不会谄媚阿谀，但可以投人所好地做些别人喜欢的事，或是陪着别人做些对方爱做的事，只要那些事没违背自己的原则，做得来，金牛座也可以循此方式博得好感，间接地拉近彼此的距离。

金牛座很会善待自己，只要想得出理由，就会找机会对自己好一点。这精神如果也用在别人身上，尤其是对自己很重要的人身上（家人是一定的，职场里的关键人物也得纳入考虑），不必扭曲自己的原则，只要将心思稍微放在那人身上一会儿，金牛座一定可以找到投其所好的法子，说不定就能轻而易举地收到事半功倍的效果。

守本分，但别只固守地盘

站在阴和阳两个不同的角度看同一个问题的时候，答案是不一样的。我也从这个角度里开始了解生活、了解生命。——李连杰

金牛座守本分，该做的事会认真去做，多做也不会怎么样，挺能任劳任怨的，而且金牛座规规矩矩的，不惹事、不制造麻烦，很容易因做事牢靠而得到领导欣赏。尤其是当金牛座初到新环境时，很听话、很配合，对任何事照单全收，也就是任何事到了他头上，他都会勤勤恳恳地做好，让人很放心。

分内的事，金牛座会顾得好好的；非分内的事，金牛座则是不在其位，不谋其政，他不会置喙，不会多言。金牛座敬业的态度，常会获得他人的好评。不过，随着经验、资历的增长，金牛座的守本分有的时候会变成固守地盘，既不许别人碰触，也不会站在别人的角度看事情，包括领导的。

执意坚持自己的，如果多次跟人产生分歧，容易给人留下不易共事、不够合群的印象，这对金牛座职场的人际关系不是好事。虽说金牛座不爱跟人和稀泥，做事以求好为优先，但职场的"人和"往往比"事好"来得重要，而且所谓的好，在领导的眼中，说不定跟金牛座的定义不太一样。要金牛座放下原则，放宽底线并不容易，金牛座不妨在遇事的时候，先用别人的角度看事情，尤其是居上位的人，也许对一些坚持会有不同的领悟。因时因地制宜，是金牛座该学会的生活态度，尤其是当牵涉人的时候，很多事都得弹性对待。

任劳不任怨，脾气别乱发

我给自己定了一条规矩：不议论他人。人家长我不议论，人家短我也不议论。——陈道明

金牛座做事认真负责，求好心切，很在意质量，随着经验及资历的积累，他对自己的表现会越来越有信心。他不怕忙、不怕做事，但不喜欢别人找他麻烦、挑他毛病，即使那个人是领导也一样。

金牛座不喜欢别人对他指指点点，除了自信、好强的个性使然，也是因不喜欢别人的介入，乱了他做事的步调。金牛座人前虽温文客气，但也是个有主见、有看法的人，牵涉他的事，他自有一套想法，不容别人乱来。如果是有建设性的、专业的提议，金牛座会听进去，但如果是个人的主观看法、个人的好恶，或是一些不着边际的想法，金牛座没兴趣听，他宁可将时间拿去做事。

金牛座对质量很在意，尤其是对自己擅长的事情，更是花心思，一旦资历到了一定的程度，便觉得没人比他做得更好。非行家的指点，金牛座听来会很刺耳，容易动气，原本就不擅外交辞令的他，此时很容易跟人闹

不愉快。

金牛座不喜欢别人对他说东道西，他会自嘲，但不大能接受别人说他。虚心受教这事，对金牛座有点难，金牛座与其生闷气，甚至是跟人呛声，不如走开，避开可能的冲撞，以免因一件小事伤了和气。

跟脾气硬的人有缘

25岁时，他拜了名师，刚开始父亲说啥也不相信，还说他是不是想天上掉馅饼想疯了。半年后，他在火车上拨了一通电话给父亲，请同行的师父跟父亲说几句话。父亲久久没出声，好长时间后，父亲哽咽着告诉小沈阳（金牛座），要珍惜现在的一切，好好努力，别给赵本山老师丢脸。小沈阳回忆当初拜师时，师父跟他说的唯一的一句话就是："好好干，犯错误收拾你。"

金牛座为什么跟脾气硬的人有缘？这事得从金牛座的父母讲起。金牛座小的时候，家里有位亲人（父母，或是其他亲人）比较凶，脾气比较硬，说的话其他人得听，而且要立刻照着做，否则有的受。金牛座小的时候比较怕这个人。

李连杰（金牛座）7岁进武术学校，他的启蒙老师吴彬是个要求很严格的长辈，以至李连杰事后回忆时，直呼当时练武太苦了，但也因此打下扎实的底子。让李连杰一夕成名的是电影《少林寺》，当初相中他的导演张鑫炎，也是一位有所坚持、相当执著的导演。

金牛座若想碰到贵人，不妨多留意脾气比较硬、比较凶的人。这种人的掌控欲通常比较强，在意的事、主导的事，都希望别人听他的，有点霸道；他不见得常发脾气，但要求比较严，不打马虎眼；如果说了什么话，听的人没照着做，或是没立刻去做，这个人就会变脸，而这人脸色不好看的时候，样子很凶。这样的人在单位和家里通常很有威严，不大有人敢惹他生气，而他要求的事，旁人都会听。

这样的人，不见得是金牛座的上司领导，也可能是同事、往来客户，或是没工作关系的朋友、亲人等。对于这样的人，金牛座最好在心里先留个底，也许某个时间，这样的人会给你带来不错的机遇。

也跟好说话的人有缘

> 人生该学的三句话：算了！不要紧！会过去的！——周立波

金牛座既然跟脾气硬、有点霸道的人有缘，为何又跟好说话的人有缘？这事也跟金牛座的亲人效应有关。

金牛座小的时候，家里有个人（父母中的另一人，或其他亲人），个性比较好，脾气比较好，比较好说话，虽然也会唠叨，也会提要求，但如果金牛座没照着做，或是做的不如他（她）意，他（她）也不会怎样，比较会顺着金牛座的意思，不会硬性要求怎么样。

这个人也比较疼小孩，能给的就给，能照顾的就尽量照顾，小孩喜欢找他（她）讲话，也比较不怕他（她），对于他（她）要求的事，通常会拖，或是要个赖、打个折。

除了脾气硬，有点霸道武断的人，金牛座当然也得留心身旁比较好说话、比较好商量的人。事实上，这样的人为金牛座带来的好处，有时甚至比较大。

先苦后甘比较好

他虽然在20岁时便闻名天下，但之前的成长历程不乏苦难相随。他小时候身材瘦小，曾被同伴们戏称"牙签"，一度被人怀疑不会有什么前途；近视眼折磨了他好多年，差点因此被埋没；18岁时，跳水不慎脊椎骨折，差点让巴西球星卡卡（金牛座）终身残疾。

她是富二代，21岁结婚，不到30岁便生了一男一女，早生早恢复身材。对于许多想走进家庭的女人来说，该做的、该学的（包括学历及亲自下厨做大餐），她30岁前全忙过了。现在，孙芸芸（金牛座）是台湾省的时尚名媛，广告代言不断，家庭工作兼顾得好好的。

金牛座的成长过程中，碰到的长辈有强势严格的，也有疼己护己的，这一黑一白的角色，预示着金牛座的职场生涯，最好是先吃苦，后福则可期，也就是先经历一段比较辛苦的岁月，接着人生将如倒吃甘蔗。如果是以碰到的领导来说，最好是先碰到严格挑剔、不好过关的，然后再碰好说话、好商量的；前者可以鞭策金牛座奠下不错的底子，后者可以让金牛座自由发挥，尽情挥洒。只要金牛座能自由发挥做喜欢做的事，金牛座便会越来越好。

8种不一样的金牛座

每年4月21日到5月21日出生的人，都是金牛座，但不是每个金牛座都是一样的个性，人脉经营的诀窍也因而有些不一样。这是因为在这段时间，只是天上的太阳在金牛座，但影响一个人表达方式比较大的水星不一定在金牛座，而影响一个人喜怒好恶比较大的金星，这段时间也不一定在金牛座。

金牛座的人，出生时的水星星座一定是白羊座、金牛座、双子座这3种之一，不会是别的。就像是玩拼图一样，不把金牛座的水星星座也纳进来，组合不了这个人完整的个性。

金牛座＋水星白羊座

我拍电影是因为我想工作。我起初对电影没有感觉，但是在不断地反复工作中，我意识到，如果我不拍电影，我的生命将不完整。

——艾尔·帕西诺（Al Pacino）

因为水星白羊的关系，这个金牛座讲话比较快，经常快人快语，比较坦率，不过对于不感兴趣或是不太投机的话题，他会立刻静下来，不想说话。

这个金牛座如果是个女的，要比男的意见多，掌控欲也比较强。金牛男在人前虽能谈天说地，但私底下比较静，不太说话。

这个金牛座因为性子比较急，对于迟缓的反应，耐性比较差，也比较在乎时间的效率，对人摆脸色时，最好能有点自觉，别让人太难堪。这个金牛座除了欣赏干脆利索的人，也跟做事不疾不徐的人有缘，职场上不妨多留意这样的人。

艾尔·帕西诺（Al Pacino）、周立波、杜琪峰、谢苗、林忆莲、歌手戴佩妮、演员高捷、艺人九孔、乐评家焦元溥、倪敏然、台湾省名媛孙芸芸、李毓芬、江语晨、歌手杨钰莹、韩星李孝利、脸谱网创办人马克·扎克伯格（Mark Zuckerberg）、西班牙著名演员佩内洛普·克鲁兹（Penelope Cruz）、环保音乐家马修·连恩（Matthew Lien）等人，都是水星白羊。

金牛座＋水星金牛座

创业过程艰苦，困难不计其数，有一阵子我天天失眠，头痛，但我从来没有动摇过。——柳传志

因为水星金牛的缘故，这个金牛座更固执、更执著，已有想法、已成习惯的事，任凭别人怎么说都不大会改；旁人有时觉得有更好的方法处理一件事时，他还是要按照自己的想法去做。他决定事情会斟酌得比较久，但一经决定就不会变。

虽然比较固执，但这个金牛座仍有两种类型。一种是能跟任何人攀谈，比较能跟人闲聊闲扯，哪怕跟对方还不太熟，给人的感觉比较随和。另一种人则要看情形，看对方是谁，给人的感觉是不太好亲近。前者人面比较广，也常出门，职场生涯中很多机遇是靠关系推介；后者人际圈较单纯，没事或没人约的时候就待在家里，自得其乐，在事业上比较靠真本事、靠专业，而碰对人对其更为重要。

柳传志、陈道明、李连杰、李咏、小沈阳、马兰（余秋雨妻）、倪震、香港导演吴思远、王晶、五月天马莎、陈德容、曾恺玹、谢祖武、模特蒋怡、黑人陈建州、严爵、中国台湾文化产业创意人叶两传、好莱坞女星芭芭拉·史翠珊（Barbra Streisand）、女星蕾妮·齐微格（Renée Zellweger）、女星克尔斯滕·邓斯特（Kristen Dunst）、女星杰西卡·阿尔芭（Jessica Alba）、女星梅根·福克斯（Megan Fox）、好莱坞男星罗伯

特·帕丁森（Robert Pattinson）、美国脱口秀著名主持人Jay Leno、美国职业网球手阿格西（Andre Agassi）、英国演员皮尔斯·布鲁斯南（Pierce Brosnan）、英国足球运动员戴维·贝克汉姆（David Beckham）、巴西球星卡卡等人，都是水星金牛。

金牛座＋水星双子座

高中快毕业时，我面临挣扎。哥哥学医，我的成绩也够资格申请医学院，"为什么不念？"妈妈这样问我，并告诉我做音乐是多么的不实际。我顺从了，选读医科，但仍选修爵士钢琴。——王力宏

因为水星双子的关系，这个金牛座人前比较多话，也比较活泼，但私底下寡言，只有在有事的时候，才会跟旁人（例如家人）讲讲话。

因为水星双子的关系，这个金牛座有两种类型。一种是点子比较多，意见比较多，看法比较多，常觉得自己是对的。另一种是比较好说话、好商量，能倾听别人说什么，遇到争执时会避开，不会争下去。

前者容易给人难搞的印象，职场上要拿出更多的真本领，要付出更多的努力，才不会被人掣肘。不过这种人多是独当一面的台面人物，本来就比较有个性，如果人际手腕更圆融些，职场生涯是倒吃甘蔗。

后者不喜欢抢风头，人际情商比较好，人脉经营的战略宜低调行事，靠良好关系默默积累资源。

王力宏、周润发、林瑞阳、邱淑贞、中国台湾偶像剧教母柴智屏、中国台湾主持人曹兰、澳大利亚女星凯特·布兰切特（Cate Blanchett）等人，都是水星双子。

金牛座的人，他的金星星座一定是双鱼座、白羊座、金牛座、双子座、巨蟹座这5种之一，不会是别的。金星星座影响一个人的喜怒好恶，如果不把金牛座的金星星座也考虑进来，难以知道他跟人相处的全貌。

金牛座＋金星双鱼座

放开手，两手空空，自由，宽阔宇宙我一个人享受，单纯的拥有。
——林忆莲的《放开手》

因为金星双鱼的关系，这个金牛座要比其他金牛座把工作和生活分得更明显。他工作的时候很认真投入，很敬业，该怎么做就怎么做，但休息的时候，他便不想碰费神的事，只想过得悠闲，不喜欢有事来烦他。他比其他金牛座更向往闲散的生活，每天都需要可以静一下，可以独自悠闲度过的时光。

这个金牛座对自己的生活步调，对时间的安排，对事情的掌控欲都比较强。朋友不能临时找他，最好事先约，他好先有个准备。他的个性比较独立，自己的事，自己的生活，会弄得好好的，不喜欢临时状况，乱了他的作息。

这个金牛座容易生闷气。心情不好的时候，他变得不讲话，表情很明显，旁人很容易就能看出他有心事。如果心情不佳，这个金牛座最好少跟人接触，或是避免参加社交活动，以免给人留下不好的印象。

林忆莲、陈德容、演员高捷、导演杜琪峰、好莱坞女星芭芭拉·史翠珊（Barbra Streisand）、女星克尔斯滕·邓斯特（Kristen Dunst）、美国脱口秀著名主持人Jay Leno、西班牙著名演员佩内洛普·克鲁兹（Penelope Cruz）、巴西球星卡卡等人，都是金星双鱼。

金牛座＋金星白羊座

"变"是联想永远不变的主题。——柳传志

因为金星白羊的关系，这个金牛座有两种类型。一种是生活单纯，交际少，比较宅的；另一种是活动聚会多，常跟人出门的。前者人际圈固定，只跟固定几个熟人来往（包括家人）；后者爱玩，人面广，交友广，对人比较热情，也比较活泼外向。

前者不爱变动，适合在固定的领域，慢慢积累自己的专业及人脉网络。后者胆子比较大，比较敢尝试、求新求变，有机会就会接触新事物，人脉关系上可以多留意背景相异的人。

不论是哪种类型，这个金牛座都比较有个性，情绪是外显的，不过脾气通常在熟识的人或家人面前才会发作。这个金牛座做事比较干脆，不会拖拉，反应机敏，学习能力也比较强，对于初次上手的事物，摸了一阵子之后，很快就会进步。

柳传志、周润发、李连杰、谢苗、导演吴思远、王晶、五月天马莎、模特蒋怡、黑人陈建州、曾恺玹、谢祖武、李毓芬、江语晨、歌手杨钰莹、韩星李孝利、好莱坞女星蕾妮·齐微格（Renée Zellweger）、澳大利亚女星凯特·布兰切特（Cate Blanchett）等人，都是金星白羊。

金牛座＋金星金牛座

> 不要和我比懒，我懒得和你比！——小沈阳

因为金星金牛的关系，这个金牛座的习惯性要比其他金牛座强烈些。他对人、事、物有偏好某个味，偏好某个调调的倾向，例如特别爱吃某种食物，吃不腻；特别爱某种玩意儿，经常玩；做不腻某种工作，乐在其中等。他喜欢惬意的生活方式，高不高档在其次，重要的是自己觉得舒服自在就好。他喜爱的事物，是他不可缺少的生活重心，而且不大会变。他对朋友很好，是个忠诚可靠的朋友，不过要跟他建立关系，最好有相同喜爱的事物。

这个金牛座做事踏实，勤勤恳恳，耐操劳，不过一回到家里，就会变得比较慵懒，只想休息。他有"出门一条龙，回家一条虫"的倾向，在家比较懒，跟在外头精神奕奕的样子有落差。如果一天到晚都在忙，对他而言，实在是亏待自己，对自己不好。

小沈阳、王力宏、马兰、邱淑贞、主持人邰智源、林瑞阳、中国台湾主持人曹兰、钱韦杉，英国演员皮尔斯·布鲁斯南（Pierce Brosnan）、好莱坞女星杰西卡·阿尔芭（Jessica Alba）、环保音乐家马修·连恩（Matthew Lien）等人，都是金星金牛。其中，小沈阳、马兰、钱韦杉、皮尔斯·布鲁斯南、杰西卡·阿尔芭等人的水星也是金牛座，所以他们是纯金牛座的人。前述提到有关金牛座的性格特征及人脉经营心法，对纯金牛的人而言会更强烈些。

金牛座＋金星双子座

做喜欢做的事，人们更容易专注于自己感兴趣的领域和挑战。
——马克·扎克伯格（Mark Zuckerberg）

这个金牛座如果是个金牛男，他跟朋友寒暄时，比私底下在家里的时候活泼许多；他在家里比较静，常沉浸在自己喜欢做的事情上，有事的时候才跟家人讲讲话。如果是个金牛女，她喜欢跟家人或熟识的人分享生活点滴，至于在外人面前，则要看情形。这个金牛座有特别喜爱的事物，长年不腻，如果早点确立目标，或是早点跟工作结合，会变成自己的专长。

因为金星双子的关系，这个金牛座有两种类型。一种是看到任何人都能聊上几句，即使是不熟的人或是陌生人也一样；另一种则要看人，看情形，在不熟的人面前，会变得矜持。前者喜欢跟人接触，朋友比较多，工作形态最好是站在第一线，多跟人互动的；后者个性比较低调，有点怕生，习惯跟熟人相处，工作形态最好是跟固定的对象互动，不需常常生张熟魏的。

脸书创办人马克·扎克伯格（Mark Zuckerberg）、周立波、倪震、严爵、偶像剧教母柴智屏、艺人九孔、蔡灿得、乐评家焦元溥、名媛孙芸芸、日本演员押尾学、美国职业网球手阿格西（Andre Agassi）、英国足球运动员戴维·贝克汉姆（David Beckham）、好莱坞男星艾尔·帕西诺（Al Pacino）、男星罗伯特·帕丁森 （Robert Pattinson）、女星梅根·福克斯（Megan Fox）等人，都是金星双子。

金牛座＋金星巨蟹座

一个都市要有自己的脸，自己的特色……所以我就下决心台中要从文化面切入，我不断地办活动，帕瓦罗蒂也好，维也纳爱乐也好，马友友也好……我都把他请到台中来。——台湾省大台中市长胡志强

因为金星巨蟹的关系，这个金牛座有两种类型。一种比较宅，个性比较低调，没事不出门，只想过单纯的好日子，平日只跟少数几个人互动。这类型的人，他们的家人、亲戚，或是老朋友、老同学等几个老关系是

主要的，甚至是唯一的人际圈，而他在工作上互动的对象也比较固定，就那几个人，彼此关系的维持也因而要多下工夫。另一种是外务比较多的，家里若没事就会想出门，朋友也很好约他，只要有个正当理由，他就会出门。他平日的外务多，聚会多，接触的人多，场面话、客套话说得比较多，花在社交场域的时间比较多，职场遇贵人的机遇也比较多些。

不论是属于哪一类型的，这个金牛座都会把自己住的地方弄得很舒服，设备齐全，该有的都有，即使一两天不出门都没关系。他对家人和朋友很够意思，能照顾的，能帮忙的，会尽心尽力地做。

台湾省大台中市长胡志强、黎燕珊、大炳、评论家邱毅等人，都是金星巨蟹。

金牛座的人，出生时水星是什么星座，金星是什么星座，以下附了两张表，供出生在1950年到1990年的金牛座查询。

表一 不同水星星座的阳历出生日期

年	水星白羊	水星金牛	水星双子
1950	无	4.21～5.21	无
1951	5.2～5.14	4.21～5.1 5.15～5.21	无
1952	4.20～5.14	5.15～5.20	无
1953	4.21～5.8	5.9～5.21	无
1954	4.21～5.14	5.15～5.21	无
1955	4.21	4.22～5.6	5.7～5.21
1956	无	4.20～4.29	4.30～5.20
1957	无	4.21～5.21	无
1958	4.21～5.16	5.17～5.21	无
1959	4.21～5.12	5.13～5.21	无
1960	4.20～5.3	5.4～5.20	无
1961	4.21～4.26	4.27～5.10	5.11～5.21
1962	无	4.21～5.3	5.4～5.21
1963	无	4.21～5.2 5.11～5.21	5.3～5.10
1964	无	4.20～5.20	无
1965	4.21～5.15	5.16～5.21	无
1966	4.21～5.9	5.10～5.24	无

年	水星白羊	水星金牛	水星双子
1968	4.20～4.22	4.23～5.6	5.7～5.20
1969	无	4.21～4.30	5.1～5.21
1970	无	4.21～5.21	无
1971	4.21～5.16	5.17～5.21	无
1972	4.20～5.12	5.13～5.20	无
1973	4.21～5.5	5.6～5.20	5.21
1974	4.21～4.27	4.28～5.12	5.13～5.21
1975	无	4.21～5.4	5.5～5.21
1976	无	4.20～4.29 5.20	4.30～5.19
1977	无	4.21～5.21	无
1978	4.21～5.16	5.17～5.21	无
1979	4.21～5.10	5.11～5.21	无
1980	4.20～5.2	5.3～5.16	5.17～5.20
1981	4.21～4.24	4.25～5.8	5.9～5.20
1982	无	4.21～5.1	5.2～5.21
1983	无	4.21～5.21	无
1984	4.26～5.15	4.20～4.25 5.16～5.20	无
1985	4.20～5.13	5.14～5.20	无
1986	4.21～5.7	5.8～5.21	无
1987	4.21～4.29	4.30～5.13	5.14～5.21
1988	4.20	4.21～5.4	5.5～5.20
1989	无	4.20～4.29	4.30～5.20
1990	无	4.21～5.21	无

※不确定自己是什么星座的，可以上星吧网查询（xingbar.com.cn）。

表二　不同金星星座的阳历出生日期

年	金星双鱼	金星白羊	金星金牛	金星双子	金星巨蟹
1950	4.21～5.5	5.6～5.21	无	无	无
1951	无	无	无	4.21～5.10	5.11～5.21
1952	无	4.20～5.4	5.5～5.20	无	无
1953	无	4.21～5.21	无	无	无
1954	无	无	4.21～4.28	4.29～5.21	无
1955	4.21～4.24	4.25～5.19	5.20～5.21	无	无
1956	无	无	无	4.20～5.7	5.8～5.20

年	金星双鱼	金星白羊	金星金牛	金星双子	金星巨蟹
1957	无	无	4.21～5.13	5.14～5.21	无
1958	4.21～5.5	5.6～5.21	无	无	无
1959	无	无	无	4.21～5.10	5.11～5.21
1960	无	4.20～5.3	5.4～5.20	无	无
1961	无	4.21～5.21	无	无	无
1962	无	无	4.21～4.28	4.29～5.21	无
1963	4.21～4.23	4.24～5.18	5.19～5.21	无	无
1964	无	无	无	4.20～5.8	5.9～5.20
1965	无	无	4.21～5.12	5.13～5.21	无
1966	4.21～5.5	5.6～5.21	无	无	无
1967	无	无	无	4.21～5.10	5.11～5.21
1968	无	4.20～5.3	5.4～5.20	无	无
1969	无	4.21～5.21	无	无	无
1970	无	无	4.21～4.27	4.28～5.21	无
1971	4.21～4.23	4.24～5.18	5.19～5.21	无	无
1972	无	无	无	4.20～5.10	5.11～5.20
1973	无	无	4.21～5.12	5.13～5.20	无
1974	4.21～5.4	5.5～5.21	无	无	无
1975	无	无	无	4.21～5.9	5.10～5.21
1976	无	4.20～5.2	5.3～5.20	无	无
1977	无	4.21～5.21	无	无	无
1978	无	无	4.21～4.27	4.28～5.21	无
1979	4.21～4.22	4.23～5.17	5.18～5.21	无	无
1980	无	无	无	4.20～5.12	5.13～5.20
1981	无	无	4.21～5.11	5.12～5.20	无
1982	4.16～5.4	5.5～5.21	无	无	无
1983	无	无	无	4.21～5.9	5.10～5.21
1984	无	4.20～5.2	5.3～5.20	无	无
1985	无	4.20～5.20	无	无	无
1986	无	无	4.21～4.26	4.27～5.21	无
1987	4.21～4.22	4.23～5.17	5.18～5.21	无	无
1988	无	无	无	4.20～5.17	5.18～5.20
1989	无	无	4.20～5.11	5.12～5.20	无
1990	4.21～5.3	5.4～5.21	无	无	无

※不确定自己是什么星座的，可以上星吧网查询（xingbar.com.cn）。

双子座

5.22~6.21

双子座的性格特征

为兴趣而活

Love what you do，do what you love.——诗歌

双子座对没兴趣的话题，会显得意兴阑珊，心不在焉地听着，不会勉强自己顺着别人的话聊下去。双子座碰到有兴趣的话题时，会变得多话，侃侃而谈，而且真的懂得不少，很有见地。对于他了解的东西，双子座不吝于跟人分享，不会羞于说出他的想法，若碰到有人持不同看法，他会辩解，会找理由说服对方。

双子座跟熟人在一起时，会抢发话权，会把他不感兴趣的话题岔开，转到自己想讲的。双子座比较自我，不会委屈自己，是个为兴趣而活的人；不感兴趣的话题他不想聊，不感兴趣的工作他不想做，不感兴趣的人他懒得讲什么。从另一个角度来看，感兴趣的话题，他变得多话；感兴趣的工作，他做得很来劲，不会喊苦；感兴趣的人，他想接近的意图会很明显。

能够让双子座感兴趣的话题其实很广泛，不过女的双子座比较喜欢偏生活经验的、带点趣味性、轻松八卦的话题，不爱聊严肃的、太正经的、太专业的话题。男的双子座则是比较爱聊严肃一点的、"层次"高一点的话题，而且多跟他的工作或嗜好有关。

坚持不懈

他24岁接手家族企业，用7年的时间将亏损的公司起死回生，并创下惊人利润。43岁时，在金融风暴对汽车业带来前所未有的冲击之际，严凯泰（双子座）在杭州萧山破土兴建自有品牌车厂，迎向人生新的挑战。

他3岁开始学琴，13岁与国家交响乐团合作，担任钢琴独奏。14岁走向职业演奏家的道路，17岁因戏剧性的替代上阵，获得举世瞩目。众多的荣耀，对照郎朗（双子座）一路走来的刻苦及坚持，已为成功下了最简单的批注。

他自幼酷爱表演艺术，18岁时坚决报名参加农牧团的演出工作。军垦生活培养了他吃苦耐劳、坚忍不拔、勇于奋斗的个性。鲍国安（双子座）回忆说，没有那段生活的历练，日后是考不上中央戏剧学院的。

双子座年少时爱玩，对很多新鲜事物都很感兴趣，不过骨子里有股执著——喜欢上了就放不了的固执。双子座的一生，总有些兴趣嗜好出现在人生的早期，然后陪伴一辈子。

郑渊洁（双子座）一个人写一本期刊，持续写了26年。

曾获"香港十大杰出学生"的莫文蔚（双子座），5岁时就喜欢上演艺人生。

军人世家的刘若英（双子座），3岁学钢琴，成长过程中一直与音乐脱离不了关系。

还是学生的小S（双子座），在16岁时出了唱片，后来转战主持界，成为炙手可热的主持人。

13岁成为职业选手，四大网球公开赛的每一项冠军，史蒂芬·格拉芙（Stefanie Graf，双子座）都拿过四次以上。

美国前国务卿亨利·基辛格 （Henry Kissinger，双子座），20世纪70年代曾为中美关系大门的开启作出历史性贡献，对国际事务一直很有兴趣的他，博士论文据说是哈佛博士论文中最长的一篇。

有兴趣的事，做起来就不会觉得辛苦，会乐在其中，双子座是典型为兴趣而工作的人，不会勉强自己去做不爱做、不擅长的事。只要持之以恒，专注且投入，双子座的兴趣最终能成为一项专长，而且受人肯定。

固执有主见

她出道时因为形象清丽秀美，被媒体誉为小林青霞，而经纪公司也有意将她包装成香港娱乐圈新的玉女派掌门人。然而个性出众的张柏芝（双子座），依然坚持要保持自己的本色。

双子座是个比较固执的人，很有自己的想法，很有主见。他认定的事，别人很难改变他；他想做的事，别人很难阻止他；他若希望旁人听他的，他会不停地说，不停地讲；旁人若想叫他听计行事，只要他有意见，多费周折是免不了的。

双子座话多、爱讲，那是因为他的意见多、看法多，不说出来憋着难受，尤其是当他被强行要求时，或是看着某件事没道理时，不讲几句是不行的。

双子座话多，喜欢表达，但双子女跟双子男有点不同。双子女话题比较多元，比较零碎，经常是想到什么讲什么。双子男爱聊的话题有限，跟人一块儿时，不是滔滔不绝地讲，就是漫不经心地坐着，他的态度跟现场话题是否感兴趣很有关系。双子男侃侃而谈时，像老师给学生上课，旁人只有听的份儿，而别人说的话，双子男不见得听得进去。

双子座固执的个性，男女也略微不同。双子女比较能跟人做双向沟通，虽然也想要说服别人，但不会勉强，比较能听得进别人说的话。双子男不只是自己的事别人改不了，他也会硬要别人听他的；别人讲的话，别人的认知，只要一开始他不认同，接着就没戏唱了，要不就听双子男的，要不就是两人没法搭在一块儿，没别的路。

双子座的固执，跟他的父母亲很有关系（或其他长辈）。他的某位长辈，就是个很固执的人，不大听别人的，也不大会听小孩说什么，想怎么做就怎么做，家人只能配合。另一个人则比较能听得进别人说的，也比较会顺着小孩的意。前者多半是男性长辈，后者多半是女性长辈。

坦率，讨厌做作

她的鼻梁被眼尖的粉丝发觉有点弯，小S（双子座）坦白承认，并说越来越弯了，但不影响挖鼻屎。

双子座讲话直率，有什么说什么，不过在熟人面前比较会如此，在不熟的人面前还是会看情形。

双子座讨厌做作，喜欢依着本性做事。他讲话不喜欢拐弯抹角，喜欢有话直说，这样才能让别人知道自己的本意。双子座讨厌看起来假假的、惺惺作态的人；讲话遮遮掩掩，有话不说，或是说一半的人，他也不喜欢。

双子座喜欢简单易懂的人，太复杂、多重性格、言行让人不知哪个真哪个假的人，双子座会敬谢不敏。

理由多，爱辩解

我们在生命中最动人的时刻里，不都是沉默无语的吗？

—— 《读者文摘》

双子座很有主见，只要认定的事、喜欢的事，便会一门心思地做下去。别人如果不认同，他不会改，而且他会辩解，会搬出很多的理由跟说词。双子座是个爱辩解的人，而且很会说，理由很多，有的是即兴硬掰硬拗出来的，目的是突显自己有道理，没有错，同时希望别人听他的。双子座经常跟朋友抬杠，但还不至于起争执。

双子座虽然固执爱辩，但也很怕孤单，怕别人不理他，怕别人不跟他说话。小时候家里的某位长辈对他的要求，曾扭拗他的意志，不理会他的想法，这段经验多少在他的心理产生了影响，他怕别人不搭理自己。双子座再怎么跟人抬杠辩解（尤其是跟朋友），再怎么坚持己意，多半会适可而止，怕继续说下去会影响关系。

小时候某位长辈的固执（可能还有点严厉），让双子座潜意识里很想跟人交流，很怕孤单没人理。双子座有固定的兴趣嗜好，使他免于孤单，而谈得来、懂他的朋友，更是可以满足他畅所欲言的需要，这些都跟他小时候的成长经验有关系。

双子座的人脉经营心法

特立，但别独行

看淡自己是"般若"，看重自己是"执著"。——证严法师

双子座是个很有个性、有主见的人，作风坦率，不喜做作，有时平易近人，有时又很固执。双子座虽有多种面貌，但对自己很诚实，对自己喜爱的事物很执著，对自己的信念很坚定。人虽特立，但在职场打拼，最好别独行。独行久了，会孤独，会变宅，特立的个性会变成难以相处的毛病，最后身边只剩下自己。

双子座对他不感兴趣的话题，心不在焉的表情很明显，这在社交场合有时会让人纳闷，不了解为何有时他很多话，有时又默不作声，是因情绪起伏大吗？还是有人说错话惹到他了？其实真正的原因是，他只想聊他感兴趣的话题，只想讲他想讲的；其他不感兴趣的，不想听的，便放空自己耗时间。

双子座默不作声的情形其实不多见，他会插话，抢话题，岔开不想听的，一个劲儿地讲自己的。如果是跟朋友七嘴八舌地闲扯，倒也无可厚非，但如果不是这样的场合，便容易惹人嫌，觉得他的话太多，都是他在讲，旁人都成了听众。

学习听人讲话，学习跟人你来我往的双向交流，学习回应别人说的话，尝试接触不感兴趣的话题，双子座就会发觉，对周遭朋友有更深一层的认识，跟朋友有更广泛的话题可以聊。虽说双子座天生不是个好听众，但可以从少讲多听跨出第一步，体会一下别人滔滔不绝，而自己只有听的份儿是何感受。

双子座小的时候，家里有位长辈很固执，很多事总认为自己是对的，他最有道理，固执起来时家人没法跟他沟通。单向沟通，单向讲话，不听别人的，双子座应该很能体会自己作为听众的感受。双子座的人脉经营战略，就是要学习双向沟通，学习倾听，不要太自以为是，若能如此，广结善缘对双子座不是难事。

倾听，是最高明的沟通

> 能言善道者要遵守的唯一准则：学会倾听。——Christopher Morley

双子座话多，爱讲，爱表示意见，但多是单向的。双子座对于不感兴趣的话题，会不想听，礼貌一点的会安静、不说话（其实是心不在焉）；不客气的会岔开话题，抢回说话权。双子座不善于听人讲话，就算是碰到感兴趣的话题，别人说的话他会听，但也会抢着说，滔滔不绝地说。

双子座说话不喜欢拐弯抹角，也不喜欢遮遮掩掩，基本上是有什么说什么，不太包装，也不太修饰。双子座不太夸赞别人，不擅长说好听的话，更不会刻意地溜须拍马，虽然个性直率会博得一些人的好评，但嘴不太甜难免容易吃亏。

双子座说话天生如此，勉强不来，不过可以练习多听，少开口。只要倾听，认真地听别人讲什么，不岔开，不抢话，不置评，偶尔响应几句，让说的人感受到他在听，让说的人能把话完整地说完，这份尊重一样会博得他人的好感。

倾听别人说话，是对人不着痕迹的恭维。倾听不是默不作声，不是眼睛看着对方，心思飘到别的地方去。倾听是认真地听进别人说话，感受对方的立场，以对方为主角，一唱一和的交流。双子座不缺表达能力，不缺专注，不缺善解人意的心，缺的是耐心听人讲话，以及以对方为主的观念。

爱辩可以，但别硬拗

好辩而理不至，则烦。——《八观》

双子座爱辩解，希望别人听他的是心理因素之一，但最主要的，是不承认自己有不对的地方。这倔犟不认错的个性，跟他的某位长辈很像。

双子座心思敏捷，反应快，当他想要为自己辩解时，信手拈来都是理由，而且振振有词，常让人拿他没辙。在重要的事情上，双子座发挥这份能耐无可厚非，但如果大小事都来那么一下，或是明显自己不对，仍要硬拗闪躲时，就容易给人留下负面的印象。

双子座可以这么想，一句"对不起"，说不定可以立刻换得对方的和颜悦色；嘴巴让一下，说不定得到的会更多。双子座不喜欢别人勉强自己，但自己嘴上逞强也不是件讨喜的功夫。

与执著的人有缘

她小学三年级开始学琴，高中毕业后到美国攻读音乐。正当刘若英（双子座）犹豫将来出路为何的时候，一次回台湾省度假，因缘际会认识了音乐人陈升，就此决定了她往后的路，而"奶茶"的别名也是陈升给取的。

他经由担任化妆师的前妻，认识了尼古拉斯·凯奇（Nicolas Cage）。凯奇从小便立志当一名职业演员，正是在他的大力引荐下，约翰尼·德普（Johnny Depp，双子座）开始踏入影视圈，走上星路。

由于患有严重的高血压，在帕米尔高原上拍摄时，他曾输着液、输着氧被人从山上抬下来，差点把命搭上。不过也因为戏，鲍国安（双子座）跟剧中真实主人翁吴登云有了非常好的私交；人称"白衣圣人"的吴登云，年少时踏上祖国的西北边陲，一干就是三四十年。

双子座跟执著的人有缘，这事得从双子座的父母（或其他长辈）讲起。如前所述，双子座有位长辈，人很固执，意见也多，对事情很坚持，很多事没法跟这人沟通，双子座要么听话配合，要么就避远点。这位长辈不是长年在同一个领域工作，就是有长年不变的嗜好，很执著。

　　双子座若想碰贵人，不妨多注意身边长年专注在某个领域的人；有长年"嗜好"的人；很早就立定志向想干什么的人；很有主见，很坚持自己的看法的人；喜欢什么，不喜欢什么，分得很清楚的人。这样的人，不论是双子座的上司、同伴、往来客户，还是没任何工作关系的朋友，都比其他人有较多的可能为双子座带来帮助。

　　与约翰尼·德普（Johnny Depp，双子座）合作过多部片子，缔造很多佳绩的导演蒂姆·伯顿（Tim Burton），从小封闭、孤独，本身就是个执著、非常热衷用绘画表达感受和生活的鬼才导演。

跟好相处的父母看齐

　　人与人之间的相处之道，需要沟通，沟通不成则妥协，妥协不成时，你就原谅和容忍他吧。——圣严法师

　　双子座小的时候家里有个长辈很固执，这部分已在前面说明过。除了固执的长辈，双子座也有个好说话、意见不多的父母（或其他长辈）。这位比较好相处的长辈，虽然也会叨念一些事，但多是关切生活上的小事，除此之外不会硬要小孩干什么，比较会顺着小孩的意。

　　双子座在经营自己的人际关系时，为何要跟这位长辈看齐？这位长辈因为对人的容忍度比较高，为人比较温和，对朋友的事可能也比较热心，人际关系相对圆融许多。双子座的个性如果比较像这位长辈，职场的人际关系肯定没问题，前述双子座与人交流时该注意的地方，便显得没那么严重。

　　双子座的个性如果比较像固执的那位长辈，也就是意见多，非要别人听自己的，前述与人交流时该注意的地方，便显得必要。这样的双子座在与人交流应对、谈正事时，不妨多想一想，另一位比较好相处的长辈，会用什么态度回应，会用什么口气讲话。虽说人的个性很难根本改变，但可以调整，很固执的双子座，如果常忆起比较好相处的长辈的面容，久而久之，个性会柔软许多。

　　父母精心培养她的音乐才能，希望她能当一个钢琴老师，不过她有自己的想法和自己喜欢的东西，也一度叛逆过。1994年，黄嘉千（双子座）

在民歌餐厅自弹自唱，一次偶然的机会受邀担任赵传演唱会的合音，因而与赵传结下师徒之缘，并走上歌手之路。

双子座的职场生涯，除了跟执著的人有缘外，也跟好相处、好商量的人有缘，原因跟前述的磁场效应是一样的。而好商量，不会硬要怎样的人，跟意见多、比较固执的双子座互动起来可能会顺畅、投缘些。

8种不一样的双子座

每年5月22日到6月21日出生的人，都是双子座，但不是每个双子座都是一样的个性，人脉经营的诀窍也因而有些不一样。这是因为在这段时间，只是天上的太阳在双子座，但影响一个人表达方式比较大的水星，不一定在双子座，而影响一个人喜怒好恶比较大的金星，这段时间也不一定在双子座。

双子座的人，出生时的水星星座一定是金牛座、双子座、巨蟹座这3种之一，不会是别的。就像是玩拼图一样，不把双子座的水星星座也纳进来，组合不了这个人完整的个性。

双子座＋水星金牛座

她曾是大学里的校花，漂亮、身材好，有过众多追求者。但因是基督徒，寇乃馨（双子座）严格遵守"婚前不可发生性行为"的教义，还曾将成长过程写了一本传记，取名《还是处女不奇怪》。

因为水星金牛的关系，这个双子座会更加的固执，更加的坚毅，想要做到的事，会努力坚持下去，不会半途而废。

因为水星金牛的关系，这个双子座有两种类型。一种是比较爱出门的，外头的聚会活动比较多，另一种的生活比较单纯，没事或没人约的时候就待在家里，会自得其乐地找事做。

前者的人际交流比较多，多半是因工作的需要，那份工作也多半是他的兴趣；这种爱出门的双子座，越早确立人生志向，会越早成为一方人物。后者天生比较喜欢单纯的人际关系，随着年纪变大及走入家庭，生活圈会越来越小，身边的熟识（另一半，家人，及多年老友）将成为比较重要的人脉，职场工作多半是幕后的、辅助的角色。

莫文蔚、刘若英、中国台湾著名活动主持人寇乃馨、杨丞琳、郭敬明、郭品超、俞小凡、Maggie Q、章小蕙、唐一菲、中国台湾裕隆集团董事长严凯泰、中国台湾长笛演奏家赖英里、蔡依珊（连战媳妇）、好莱坞影星约翰尼·德普（Johnny Depp）、克林·伊斯威特（Clint Eastwood）、美国前总统肯尼迪（John F. Kennedy）等人，都是水星金牛的双子座。

双子座＋水星双子座

电视台如果说真话就是光临观众家的天使，如果说假话就是夜入民宅的小偷、流氓、强盗。——郑渊洁

因为水星双子的关系，这个双子座有两种类型。一种是点子比较多，意见比较多，看法比较多，常觉得自己是对的人。另一种人则比较好说话，好商量，能听别人说什么，遇到争执时会避开，不争下去。

前者容易给人难搞的印象，职场上要拿出更多的真本领，要付出更多的努力，才不会被人议论掣肘。不过这种人多是独当一面的台面人物，本来就比较有个性，如果人际手腕更圆融些，职场生涯是倒吃甘蔗。

后者不喜欢抢风头，人际情商比较好，这样的人宜低调行事，靠良好关系默默积累资源。

郑渊洁、张铁林、郎朗、鲍国安、车晓、小S、张柏芝、凌潇肃、郑元畅、导演许鞍华、方文琳、李嘉欣、刘真、主持人胡瓜、黄小琥、梁静茹、张庭、赵子琪、主持人李明依、徐晓晰、高怡平、中国台湾围棋少女黑嘉嘉、中国台湾统一集团创办人高清愿、好莱坞影星安吉丽娜·朱莉（Angelina Jolie）、法国影后伊莎贝·艾珍妮（Isabelle Adjani）、网球球后史蒂芬·格拉芙（Stefanie Graf）、美国前国务卿亨利·基辛格（Henry Kissinger）、摩洛哥雷尼尔亲王（格蕾丝·凯利的老公）等人，都是水星双子的双子座。

双子座＋水星巨蟹座

我会学习控制自己的情绪，情绪就像你内心的一件外衣，不能随时随地扒开给人看。——张悬

因为水星巨蟹的关系，这个双子座在不熟的人面前，客气斯文，有点腼腆，怕讲错话，只有在熟人面前，话才变得多。

这个双子座爱跟人（当然是认识的）闲话家常，分享生活点滴，女的要比男的强烈些。因为水星巨蟹的关系，这个双子座有两个类型。

一种是人前客气，但在家人（或熟朋友）面前比较有情绪，对人的牢骚比较多，比较有脾气；另外一种是，人前客客气气，私底下也是个性情平稳的人，不大会生气。前者比较有个性，不大会去在意别人怎么看事情，不是个很好的听众，职场工作最好是跟固定的人打交道，做好分内的事，维持好固定的关系即可；后者对人比较热情，情商高，人缘也好，在职场上适合跟各式各样的人打交道。

导演黄建新、央视新闻联播前主播罗京、Ella、仔仔周渝民、钮承泽、赵传、作家平路、张悬、沈世朋、王宇婕、台湾省女艺人黄嘉千、王怡仁、好莱坞影星娜塔莉·波特曼（Natalie Portman）、希亚·拉博夫（Shia LaBeouf）、妮可·基德曼（Nicole Kidman）等人，都是水星巨蟹的双子座。

双子座的人，他的金星星座一定是白羊座、金牛座、双子座、巨蟹座、狮子座这5种之一，不会是别的。金星星座影响一个人的喜怒好恶，如果不把双子座的金星星座也考虑进来，难以知道他跟人相处的全貌。

双子座＋金星白羊座

有人问罗京，"你会笑吗？"罗京真的笑了，他幽默地说："是摄像机它不让我笑。"

因为金星白羊的关系，这个双子座个性比较直，想说什么就说什么，表达比较直接，除非场合特殊，要谨慎地说话，否则他说话是比较直率的。他心情好的时候很有幽默感，对人随和；可是心情不好的时候，或是

面临要事的时候，表情就会变得严肃，男的双子座要比女的来得明显。

这个双子座做事比较干脆，不会拖拉，反应机灵，学习能力比较强，对于初次上手的事物，摸了一阵子之后，很快就会进步。他很好强，爱面子，企图心强，工作起来，有"拼命三郎"的精神，职场中适合能独当一面，能开疆辟土的工作，是个带头型的人物。

央视前主播罗京、中国台湾统一集团创办人高清愿、主持人李明依、好莱坞影星利亚姆·尼森（Liam Neeson）等人，都是金星白羊的双子座。

双子座＋金星金牛座

我是个挺老派的人，我就想老了以后揠着啤酒肚，坐在门廊上看湖什么的。——约翰尼·德普

因为金星金牛的关系，这个双子座做事踏实，勤勤恳恳，不过一回到家里，就会变得比较慵懒，跟他在外头时的样子有明显落差。这个双子座有着"在外一条龙"的个性，只要一工作起来（或忙起来），便精神奕奕。这个双子座异性缘比较好，男的又比女的强一些，职场上宜多跟异性结缘（上司、同事、客户、合作伙伴），或是以异性市场为主要市场。

因为金星金牛的关系，这个双子座对人、事、物有偏爱某个味，偏爱某个调调的倾向。例如，做不腻某种工作，乐在其中；特别爱某种玩意儿，经常玩；很爱吃某些食物，吃不腻；跟某些人经常在一起，不会腻等。他喜欢有质感的事物，享受生活带来的乐趣。他喜爱的东西，是他不可缺少的生活重心，而且不大会变。他对老朋友很好，是个忠诚可靠的朋友，不过要跟他建立交情，最好有相同喜爱的事物或共同经历过一些事。

郎朗、好莱坞影星约翰尼·德普（Johnny Depp）、赵传、车晓、Maggie Q、章小蕙、导演许鞍华、郭品超、郑元畅、徐晓晰、高怡平、台湾省长笛演奏家赖英里、台湾省著名活动主持人寇乃馨、蔡依珊（连战媳妇）、网球球后史蒂芬·格拉芙（Stefanie Graf）、美国前国务卿亨利·基辛格（Henry Kissinger）、摩洛哥雷尼尔亲王（好莱坞巨星格蕾丝·凯利的老公）等人，都是金星金牛的双子座。

双子座＋金星双子座

> 每个人心里都有寂寞的一块，只是有的人伪装得比较好，有的人喜欢动不动就拿出来分享。——黄小琥

因为金星双子的关系，这个双子座会因男女性别的不同，人前表现略微不同。如果她是个女的，要比是个男的爱跟人分享生活点滴，比较能跟人闲聊，讲自己的事；如果是个男的，他只在朋友面前才比较能聊，在家人面前则比较少话，常一个人忙自个儿的事。这个双子座，女的爱聊，男的爱讲事情，充分反映了男女不同的特色。

因为金星双子的关系，这个双子座有两种类型。一种是看到人比较有笑容，比较会跟人寒暄，经常笑脸迎人的，感觉起来比较随和；另一种看起来静静的，有点严肃，表情有点酷，经常是一号表情，感觉不容易亲近。

虽说看起来的样子跟真实的个性不一定是相同的，但前者在人前会比较吃香，比较能博得好感，而工作形态最好也是站在台前，多跟人接触的。后者乍看不容易亲近，但他的酷味儿，自有一番魅力，不见得在人际关系上吃亏，他的人际关系是属于细火慢炖、细水长流型的。

黄小琥、郑渊洁、张悬、杨丞琳、赵子琪、王怡仁、裕隆集团严凯泰、法国影后伊莎贝·艾珍妮（Isabelle Adjani）、美国前总统肯尼迪（John F. Kennedy）等人，都是金星双子的双子座。其中郑渊洁、黄小琥、赵子琪、Makiyo、伊莎贝·艾珍妮等人，水星也是双子座，所以他们是纯双子座的人。前述提到有关双子座的性格特征及人脉经营心法，对纯双子座的人而言会更强烈些。

双子座＋金星巨蟹座

> 人生本来非常简单，而且简单就是完美。——刘若英

因为金星巨蟹的关系，这个双子座重感情，对朋友很够意思，尤其是对有多年老关系的人（当然也包括家人），能帮的忙会尽量帮，而且护短，别人若说他朋友什么不好听的话，他会仗义地说上几句。这个双子座

的职场生涯，会有几个老朋友一直保持工作上的关系，若想早点碰到贵人，不妨多参考前述有缘人的特征。

因为金星巨蟹的关系，这个双子座有两种类型。一种是外务多，常出门，常跟人聚聚，人际关系比较多元，各式各样的人都认识一些；另一种是生性低调，生活圈单纯，平日只跟少数几个人互动。前者喜欢接触人，喜欢跟人互动，人面广带来的机遇也比较多；后者喜欢过简单的生活，习惯跟固定的人互动，不太管不相关的闲事，只想过自己的好日子，职场是否遇贵人，或是跟对人做对事，相对重要些。

张铁林、鲍国安、刘若英、导演黄建新、仔仔周渝民、小S、Ella、张柏芝、莫文蔚、俞小凡、林韦君、梁静茹、唐治平、方文琳、王宇婕、中国台湾歌星叶启田、胡瓜、李明依、黄嘉千、中国台湾围棋少女黑嘉嘉、好莱坞影星希亚·拉博夫（Shia LaBeouf）、安吉丽娜·朱莉（Angelina Jolie）、娜塔莉·波特曼（Natalie Portman）、克林·伊斯威特（Clint Eastwood）等人，都是金星巨蟹的双子座。

双子座＋金星狮子座

有时候相处时间长了你很难保持新鲜感，所以我选择分开，分开再见面时会有一种初恋的感觉。——张庭

因为金星狮子的关系，这个双子座在还很小的时候，就表现出对某些事物的强烈爱好，如果将喜好与工作结合，对事业的帮助很大。

这个双子座比较有个性，性情直率，交流应酬的场合，风趣健谈，有个人魅力，职场上适合需要露脸站在第一线的工作。

这个双子座如果是个女的，个性要比是男的要强，比较有脾气，不高兴的事会直接表达，不大会搁在心里。她比较注重流行，经常留意生活中正在风行的事物，蛮懂得生活情趣，也比较爱花钱，常买东西。她虽好强，但耳朵软，中听的话对她很有效。她的兴趣广泛而多变，不适合单调、缺乏变化的工作。

这个双子座如果是个男的，不像女的那么追求流行，能吸引他的事物比较固定，除了那几件外，对其他的就比较不关心。他不像双子女那么爱购物，平常不大买什么，但对特定的事物比较敢花钱，一花就是不少钱。他是个专业型的人物，一生中从事的工作都在固定的领域，变化不大。

张庭、李嘉欣、刘真、好莱坞影星妮可·基德曼（Nicole Kidman）等人，都是金星狮子的双子座。

双子座的人，出生时水星是什么星座，金星是什么星座，以下附了两张表，供出生在1950年到1990年的双子座查询。

表一　不同水星星座的阳历出生日期

年	水星金牛	水星双子	水星巨蟹
1950	5.22～6.14	6.15～6.21	无
1951	5.22～6.9	6.10～6.22	无
1952	5.21～5.31	6.1～6.14	6.15～6.21
1953	5.22	5.23～6.6	6.7～6.21
1954	无	5.22～5.30	5.31～6.21
1955	无	5.22～6.22	无
1956	无	5.21～6.21	无
1957	5.22～6.12	6.13～6.21	无
1958	5.22～6.5	6.6～6.19	6.20～6.21
1959	5.22～5.28	5.29～6.21	5.12～5.21
1960	无	5.21～6.2	6.3～6.21
1961	无	5.22～5.28	5.29～6.21
1962	无	5.22～6.21	无
1963	5.22～6.14	6.15～6.21	无
1964	5.21～6.9	6.10～6.21	无
1965	5.22～6.1	6.2～6.15	6.16～6.21
1966	5.22～5.24	5.25～6.7	6.8～6.21
1967	无	5.22～5.31	6.1～6.21
1968	无	5.21～5.29 6.14～6.21	5.30～6.13
1969	无	5.22～6.21	无
1970	5.22～6.13	6.14～6.21	无
1971	5.22～6.7	6.8～6.21	无

年	水星金牛	水星双子	水星巨蟹
1972	5.21～5.29	5.30～6.11	6.12～6.21
1973	无	5.22～6.4	6.5～6.21
1974	无	5.22～5.29	5.30～6.21
1975	无	5.22～6.21	无
1976	5.21～6.13	6.14～6.21	无
1977	5.22～6.10	6.11～6.21	无
1978	5.22～6.3	6.4～6.17	6.18～6.21
1979	5.22～5.26	5.27～6.9	6.10～6.21
1980	无	5.21～5.31	6.1～6.21
1981	无	5.21～5.28	5.29～6.21
1982	无	5.22～6.21	无
1983	5.22～6.14	6.15～6.21	无
1984	5.21～6.7	6.8～6.21	无
1985	5.21～5.30	5.31～6.13	6.14～6.21
1986	5.22	5.23～6.5	6.6～6.21
1987	无	5.22～5.30	5.31～6.21
1988	无	5.21～6.20	无
1989	5.29～6.12	5.21～5.28 6.13～6.21	无
1990	5.22～6.11	6.12～6.21	无

※不确定自己是什么星座的，可以上星吧网查询（xingbar.com.cn）。

表二　不同金星星座的阳历出生日期

年	金星白羊	金星金牛	金星双子	金星巨蟹	金星狮子
1950	5.22～6.1	6.2～6.21	无	无	无
1951	无	无	无	5.22～6.7	6.8～6.22
1952	无	5.21～5.28	5.29～6.21	无	无
1953	5.22～6.5	6.6～6.21	无	无	无
1954	无	无	5.22～5.23	5.24～6.17	6.18～6.21
1955	无	5.22～6.13	6.14～6.22	无	无
1956	无	无	无	5.21～6.21	无
1957	无	无	5.22～6.6	6.7～6.21	无
1958	5.22～5.31	6.1～6.21	无	无	无
1959	无	无	无	5.22～6.6	6.7～6.21
1960	无	5.21～5.28	5.29～6.21	无	无

年	金星白羊	金星金牛	金星双子	金星巨蟹	金星狮子
1961	5.22~6.5	6.6~6.21	无	无	无
1962	无	无	5.22	5.23~6.17	6.18~6.21
1963	无	5.22~6.12	6.13~6.21	无	无
1964	无	无	6.18~6.21	5.21~6.17	无
1965	无	无	5.22~6.6	6.7~6.21	无
1966	5.22~5.31	6.1~6.21	无	无	无
1967	无	无	无	5.22~6.6	6.7~6.21
1968	无	5.21~5.27	5.28~6.20	6.21	无
1969	5.22~6.5	6.6~6.21	无	无	无
1970	无	无	5.22	5.23~6.16	6.17~6.21
1971	无	5.22~6.12	6.13~6.21	无	无
1972	无	无	6.12~6.21	5.21~6.11	无
1973	无	无	5.22~6.5	6.6~6.21	无
1974	5.22~5.31	6.1~6.21	无	无	无
1975	无	无	无	5.22~6.6	6.7~6.21
1976	无	5.21~5.26	5.27~6.20	6.21	无
1977	5.22~6.6	6.7~6.21	无	无	无
1978	无	无	无	5.22~6.16	6.17~6.21
1979	无	5.22~6.11	6.12~6.21	无	无
1980	无	无	6.6~6.21	5.21~6.5	无
1981	无	无	5.21~6.5	6.6~6.21	无
1982	5.22~5.30	5.31~6.21	无	无	无
1983	无	无	无	5.22~6.6	6.7~6.21
1984	无	5.21~5.26	5.27~6.19	6.20~6.21	无
1985	5.21~6.6	6.7~6.21	无	无	无
1986	无	无	无	5.22~6.15	6.16~6.21
1987	无	5.22~6.11	6.12~6.21	无	无
1988	无	无	5.28~6.20	5.21~5.27	无
1989	无	无	5.21~6.4	6.5~6.21	无
1990	5.22~6.30	5.31~6.21	无	无	无

※不确定自己是什么星座的，可以上星吧网查询（xingbar.com.cn）。

巨蟹座

6.22～7.22

巨蟹座的性格特征

执著

当7岁迷上魔术这玩意儿时，他便立志要做个魔术师。虽然刘谦（巨蟹座）曾遭到同学、老师的嘲笑，甚至父母也质疑，但他始终执著于这个念头。

他7岁开始游泳，11岁时展现游泳天赋，23岁时在北京拿到8块奥运金牌。然而菲尔普斯（Phelps，巨蟹座）自己也承认，如果他没有近乎偏执地刻苦训练，恐怕也不易取得非凡的成就。

自从参加校内音乐剧的演出，他便对戏剧十分着迷。不过让汤姆·克鲁斯（Tom Cruise，巨蟹座）从原本的高中生偶像，成功转型至成人角色，进而名利双收的原因，不光是英俊外表和迷人的微笑，更多的是坚定的意志。

巨蟹座一旦喜欢上一件事物，他就会想天天去碰它，接触它。那件事物可能是嗜好，或是一个身边常用的对象，甚至是某个爱吃的东西。凡是被他喜欢上的，他就会将那件事物成为生活中的一部分，成为一种习惯；经常固定地去做（碰）那件事，会让他有心满意足的感觉，反之，如果没法去做（碰）那件事，他会觉得浑身不对劲，有失落感。

巨蟹座对事物的执著，旁人如果不认同，他不会争，不会辩解，也不会改，照样做他想做的。他执著的事物，已经成为他的习惯，是他生活的一部分，那块天地让他觉得自在。

巨蟹座是个习惯性强的人，对于已经习惯的东西，已经习惯的环境，已经习惯的人，已经习惯的做事方式，不大会改。

雅曼达·哈金（Amanda Hocking，巨蟹座）从三四岁起就喜欢自己编故事，八九岁开始把想象付诸文字。17岁时她完成了自己的第一部小说，寄给所有在网络上搜寻到的出版商，结果全遭到拒绝。她曾四处打工谋生，向出版商投石问路，经常尝到闭门羹，不过她没有因此失去写作的热情。2010年，她成为网络畅销作家，2011年春天，原本拒绝她的出版商，以200万美元和她签约，准备出版她的四部小说。

谦虚客气

他虽已是家喻户晓的巨星，但私底下待人谦虚，没有架子，费玉清（巨蟹座）的真诚与亲切，一如他的歌声让人印象深刻。

12秒88是他给人的印象，待人和善也是，而刘翔（巨蟹座）私底下就像个邻家大男孩似的，亲切，没有架子。

巨蟹座在不熟的人面前，或是在陌生的环境中，一开始都会显得腼腆、客气，需要一段时间适应，之后才会融入，进而跟人打成一片。

巨蟹座在外人面前是斯文客气、低调不张扬的，其实他也有活泼爱表现的一面，但只在熟人面前才会显露出来。

巨蟹座在熟与不熟的人面前，表现很不一样，虽说一般人都有这种情况，但巨蟹座的情形比较明显。巨蟹座在自己人面前，才会觉得自在，才会放心坦率地做想做的事，说想说的话，包括憋在肚里的情绪；在外人面前则是以不惹人反感为原则。这里的自己人指的是巨蟹座的家人及关系源远流长的旧识。

重视老关系

长达8年以上的时间，他隐瞒真实的工作不让父母知道，不想让家人承受太多的乡里困扰。重感情的李玉刚（巨蟹座）视父母为生命中最重要的人，2010年获得"演艺界十大孝子"奖。

他原本是个宅男，不愿意出门，更不喜欢旅游，但结婚生子后他愿意为家人改变，常带着妻儿和双方父母四处度假。当他的戏出现在电视中，惹得幼儿哭喊想念时，在外拍戏的陈建斌（巨蟹座）第二天就出现在儿子面前。

巨蟹座非常重视老关系。老关系指的是家人、老同学、老同事、老朋友、老邻居、老亲戚，以及曾因某件事跟他有过交集、让他感念甚深的人。

巨蟹座念旧，重感情，不过跟他有老关系的人，不一定都会被他视为自己人，还必须是曾对他好的人。谁好谁不好，巨蟹座很敏感，心里自有区分。跟巨蟹座有老交情而又对他好的人，他在这人面前会有安全感，觉得很自在，终其一生常感念过往的点滴；反之，礼貌客气，保持距离则是他在人前的保护伞。

谨慎，在意安全感

大夫说他接生过那么多次，从没看过一个男人那么紧张，双手护着老婆的脸遮风不说，还喊哥们儿脱衣挡着。陈建斌（巨蟹座）前一天看着初生儿被抱去冲洗，老婆还在手术房时，曾着急叫旁人看紧小孩，免得抱错了。

他自称有危机意识，因为穷过，知道没钱的感觉。陶喆（巨蟹座）对房地产有兴趣，就是因为担心如果没工作，不红了，日后生病了该怎么办？

巨蟹座很在意安全感。让他有安全感的人，他会尽可能地维持跟那人的关系，保持互动，不希望关系会冷淡变调。让他有安全感的东西，例如钱财、房子等，他会顾得好好的，只求多，绝对避免匮乏。

让巨蟹座有安全感的人，除了对他好，会照顾他，会带来好处的人之外，也包括他熟悉，彼此在一起很自在、很开心的人。让巨蟹座有安全感的东西，除了钱财、房子之外，也包括他已熟悉的环境、已习惯的作息、已用惯的物品等。

让巨蟹座没安全感的人、事、物，例如谁对他不好，谁常给他责难，对某件事没把握，某个情况充满变数等，他会尽可能地去扭转改变，如果改变不了又避不开，他就会变得敏感，情绪起伏不定。

默不作声，不动声色，是巨蟹座在面对事情时经常有的反应，因为在没搞清楚状况之前，在没确定接下来会怎么样之前，他不希望别人知道他内心的不安。让人知道自己的弱点，会让他没安全感；让人知道太多个人的隐私，他也会没安全感。巨蟹座喜欢过得自在，人前只想呈现他在工作上的表现，至于个人的隐私，他不想张扬。

察言观色，体贴周到

他性情随和，重情重义，梅艳芳过世后，曾秘密垫付了大部分的医药费，而这还是由梅艳芳的哥哥说出来后，众人才知道张学友（巨蟹座）做的这件事。

巨蟹座善于察言观色，谁心情不好，谁脸色有异，现场的气氛如何，接下来的情况可能有变等氛围，他很敏感，随时能侦察到，也常因此修正当下的作为。每当巨蟹座初识一个人，初入一个新环境，或是接手一个新项目时，总是显得低调、客气、谦逊，小心谨慎地跟人互动；巨蟹座对人的暖身期要比其他人长，不是立刻就能跟不熟的人打成一片。

巨蟹座对周遭敏感，源于内心里对安全感的企求。他在人前客气有礼，讲话有分寸，行事周到，无非是希望别人不排斥他，他能跟人好好的、开心地相处。他自己觉得不好的事，会联想到别人可能也会觉得不好，然后善意地提醒；他自己觉得不错的事，也会联想到别人（尤其是自己人）可能也会喜欢，然后分享他知道的好东西。

巨蟹座对在乎的人（家人、老朋友），会将心比心、设身处地地为他们着想。当他用起心思经营跟周遭人的关系时，会很周到，体贴入微。

巨蟹座的人脉经营心法

敏感，但别退缩

> 表现勇敢则勇气来；往后退缩则恐惧来。——康拉德

巨蟹座个性敏感，对周遭人的一举一动，一颦一笑，会不由自主地注意，跟人互动时，对方的表情眼神，说话的口吻，也会很认真地留意。巨蟹座敏感的心思，固然对人际分寸的掌握很有帮助，但过于敏感时，会把一些无心的言词扩大解读，徒增烦恼。

巨蟹座很容易受心情的影响去解读他所接触到的信息。当他心情好时，怎么样开玩笑，或是怎么说他都行，可是一旦心情不佳，或是碰到心里某根敏感的神经时，没什么特别的一句话，他都会往心里去，很容易受伤、沮丧、愤怒。

每个人的心里，都会有些敏感的神经，别人一碰就会不舒服，而巨蟹座是那神经比较多，又比较敏感的人。那些敏感神经多跟过往的经历有关，不是什么好事，虽已淡去，但对记忆力好的巨蟹座而言，一经碰触，过去的感觉仍很真实。

巨蟹座的敏感有助于察言观色，让他在职场的角逐中容易明哲保身，这方面的优点应多加利用。但是一些敏感神经，每碰触一次就不舒服一次，久而久之，会影响他的人际交流。

也许都是巨蟹座想多了，那些神经旁人可能根本不觉得什么，是巨蟹座自己钻牛角尖儿了。巨蟹座重情重义，经营人际关系时很用心，如果不想被敏感的神经牵绊住，顺其自然地面对是个好方法。自己不主动提，也不怕别人碰触，不必当忌讳，只要随缘因应，心不生波，久而久之，那根神经自然就消失了。

情绪别憋着

即使情绪低落，也不要愁眉不展，因为你不知道谁会爱上你的笑容。

——泰戈尔

巨蟹座敏感善感，情绪多，巨蟹女在这方面又比巨蟹男强烈些，不过人前的文雅，约制了巨蟹座情绪发泄的方式。任何人都会有情绪，但巨蟹座的情绪比较容易受刺激而起伏，即使没有表现出来，但内心必有波澜，如果没适时宣泄，难免有一天会爆发。

积压情绪不是一种健康的行为。有的人经常生气，但很少真正发怒，因为平常就在宣泄；有的人不常生气，一发火就让人吃不消，而经常隐忍情绪的巨蟹座，倾向于后者，私底下在亲近的人面前比较容易发火。

跟熟识、信得过的朋友偶尔发发牢骚，有助于巨蟹座宣泄心中的不满，或是采用其他觉得可行的方式，让自己消消气，例如听音乐、做健身运动等。不论是何种方式，无非是提醒巨蟹座找个宣泄口，以便保持人前有礼和善的形象，不要因一时失控破坏人际关系。

巨蟹座有两种类型。一种是人面比较广，常出门，各式各样的人都接触一些，也都能聊上话，不限定只跟工作上的同僚打交道；另一种是人际圈很单纯，没事不出门，平常也只跟固定的人（包括同事）互动。后者因为生活圈小，承受刺激的能力也较弱，更需要有个谈心的对象，或是好的宣泄方式来平复情绪。

别暖身太久

谨慎是智慧的长子。——法国谚语

巨蟹座跟人比较慢熟，不会立刻能跟人勾肩搭背，称兄道弟。他跟人初识时，在客气有礼中带点腼腆，需要点时间才能放得开，不是一开始就热情张扬。他初到一个陌生的场合时，也是一开始很谦逊恭谨，不会抢风头。巨蟹座的斯文有礼，容易给人好印象，但腼腆低调的时间最好别太长，否则容易给人不够大气，或是有距离的感觉。

巨蟹座适应人的速度比较慢，这跟他谨慎、习惯先观察的个性有关，这是天性，勉强不来。不过做不了微波炉，至少别做冷灶，如果久久没温度，旁人就懒得加柴了。尤其是职场的竞争激烈，有新人不断涌入，不早点跟人混熟，不早点抢占先机，等到别人都下水游到对面去了，自己还在池边暖身。

巨蟹座初到一个陌生环境时，不妨先锁定还投缘的人，或是多跟已认识的人在一起，缓解初期的调适期。巨蟹座是属于慢火细炖型的人，人缘一向不错，不大得罪人，只要不给人疏离、怕生的印象，人际关系是倒吃甘蔗。

鸭子划水，但别暗地里来

要比别人聪明，但不要让他们知道。——英国查士德·斐尔爵士

巨蟹座个性低调，不喜欢张扬，不爱标榜自己，也不爱说自己的隐私，如果真有什么得意的事，或是有什么心情要跟人分享，他也只习惯跟老朋友私下讲，一般人面前不爱提，人多的场合更是不会提。

巨蟹座做事习惯默默地做，成了自然会有人知道，不成没人知道最好，他觉得这样做事不会有太多干扰，心里比较自在。巨蟹座低调务实的作风，在职场里可以避免当出头鸟，避开不必要的争议，在组织变动的敏感过程中，也比较有运作的空间。默默耕耘是好事，但大小事若都暗地里来，连无关紧要的日常小事也要遮遮掩掩的，就容易引起争议了，如果做

的还是损人的事，那人际关系肯定受损。

鸭子划水是默默努力的表现，但要看情形，如果划的水是以邻为壑，不是什么好事，或是容易造成旁人误解，让人觉得不诚实，这种水最好少划。

人情味，人脉网的黏着剂

他和莱奥纳多是小时候的玩伴，曾同床睡觉和一块玩扎小辫。也正是莱奥纳多的大力推荐，才使得托比·麦奎尔（Tobey Maguire，巨蟹座）获得了蜘蛛侠的角色，而莱奥纳多也是托比·麦奎尔在婚宴上所邀请的唯一圈内人士。

巨蟹座心肠软，旁人如果有什么困难找他，他能帮就帮，倾听别人倒苦水也行。旁人如果心情不佳，他会知趣地不去烦人家，或是能帮上什么就帮什么。软调子，柔性的诉求，对巨蟹座特别有用，很容易勾起他的同情心，而且越是熟识的人，他越容易心软，家人就更不必说了。

巨蟹座重感情，念旧，就算是曾闹过不愉快，看在旧情谊的份儿上，他也会尽量帮忙。巨蟹座如果想维持职场的人际关系，应多发挥人情味的特质，让自己跟投缘的对象，不仅有工作上的关系，还有其他的元素，让关系更贴近生活层面。例如，认识彼此的家人，交换生活经验，共同从事休闲嗜好，一块上商场买东西等，这些贴近真实生活的交流，更能显现巨蟹座真情至性的一面。

巨蟹座不喜欢复杂的人际关系，如果朋友之间不见得都投缘，那么他可以尝试搞小圈子，几个小圈子各有各的成因背景及共同的话题，不需要勉强地凑合成一个大圈子。巨蟹座习惯在比较隐私的互动中，展现真情实意；人多的地方，他习惯低调点。

洞察力，把握人际分寸

当钟镇涛离婚破产，人生正经历低谷时，梁朝伟（巨蟹座）的关心都是用行动表示，有时只是坐在一旁，不多说什么，温暖的眼神已说了很多。

敏感的天性，为巨蟹座带来的另一项天赋——洞察力应善加运用。即使是粗线条的巨蟹座，也有能耐注意到旁人没留心的事物，好比说两人把玩各自的手机，巨蟹座就会注意到自己的跟朋友的有哪些优劣不一样的地方。

巨蟹座应相信自己的洞察力及直觉，这在职场上很有帮助。专业上的不说，在人际互动时，组织里的气氛，各种风吹草动，巨蟹座都很敏感，不会察觉不到，而巨蟹座察言观色的应对态度，及一贯低调的行事风格，让他不只能掌握好人际分寸，明哲保身，也能把握时机，顺势而为。

巨蟹座善于观察他人。巨蟹座在职场中跟人打交道时，除了在意他人的态度及彼此的契合度外，不妨也多留意他人间的蛛丝马迹，自会有一些领悟，有机会时便可以派上用场。

跟生活单纯的人有缘

她是巨星的妻子，不过比老公红得还早。19岁时，林凤娇（巨蟹座）接演甄珍不愿演的《潮州怒汉》，因而受到电影界的重视。当时跟她对戏的谭道良，一生醉心推广跆拳道，曾赢得"一代腿王"的称号，1982年息影后远赴美国开设跆拳道馆，未再复出。

巨蟹座为什么跟生活单纯的人有缘？这事得从巨蟹座的父母讲起。巨蟹座小的时候，家里有位长辈（父母，或其他长辈），生活圈很单纯，没事不出门，平常只跟固定的人互动（家人及同事为主），作息规律，活动范围也很固定，经常是两点一线间（家里跟工作场所）。另一人（父母中的另一人，或其他长辈）的人面比较广，常出门，方方面面的人都认识一些，也经常外出跟人聚会。

生活单纯的人，也会出现在巨蟹座的职场生涯里，而这有缘人是顶头上司，还是同僚同业，或是生活圈里的朋友，则要看情形。巨蟹座若想碰贵人，不妨多接触生活作息比较规律、人面比较固定单纯的人。

也跟常出门，人面广的人有缘

当年他还只是个喜欢玩音乐的小男生，一天在洛杉矶的乐器行里遇见了他的恩师，因缘际会成了日后红遍两岸的音乐人及歌手。王治平不只发掘了陶喆（巨蟹座），他还是很多重量级华语歌手的王牌制作人。

巨蟹座为什么也跟人面广、常出门的人有缘？原因跟前述亲人的效应一样。每个星座的职场贵人，都跟自己父母的特质（或其他亲人的）有关联，这种磁场效应在小的时候就已存在，而且贵人的特质都有对立面的现象，不是某一种，就是相反的另一种。因此，巨蟹座若想碰贵人，不妨也多留意人面广、常出门、常跟不同的人打交道，常外出跟人聚会的人，好机遇就在这些人之中。

8种不一样的巨蟹座

　　每年6月22日到7月22日出生的人都是巨蟹座，但不是每个巨蟹座都是一样的个性，人脉经营的诀窍也因而有些不一样。这是因为在这段时间，只是天上的太阳在巨蟹座，但影响一个人表达方式比较大的水星，不一定在巨蟹座，而影响一个人喜怒好恶比较大的金星，这段时间也不一定在巨蟹座。

　　巨蟹座的人，出生时的水星星座一定是双子座、巨蟹座、狮子座这3种之一，不会是别的。就像是玩拼图一样，不把巨蟹座的水星星座也纳进来，组合不出这个人完整的个性。

巨蟹座＋水星双子座

　　歌唱得再烂也是在唱歌，舞跳得再烂也是在跳舞，魔术变烂了就不是魔术了，是小丑。——刘谦

　　因为水星双子的关系，这个巨蟹座有两种类型。一种是点子比较多，意见比较多，看法比较多，常觉得他是对的。另一种是比较好说话，好商量，能听别人说什么，遇到争执时会避开，不争下去。

　　前者容易给人难搞的印象，职场上要拿出更多的真本领，要付出更多的努力，才不会被人议论掣肘。不过这种人多是独当一面的台面人物，本来就比较有个性，如果人际手腕更圆融些，职场生涯会越走越顺畅。后者不喜欢抢风头，人际情商比较好，人脉经营的战略宜顺着天性低调行事，

靠良好关系默默积累资源。

不论是哪种类型，这个巨蟹座很有自己的看法，旁人不大能改变他已有定见的事，差别只在于他的执著是外显的，还是固执在内的。

刘谦、梁朝伟、陈建斌、赵宝刚、梁洛施、向真、曹启泰、汪小菲、英国威廉王子、好莱坞影星汤姆·克鲁斯（Tom Cruise）等人，都是水星双子的巨蟹座。

巨蟹座＋水星巨蟹座

我没有注意到其他选手的表现，我只是感觉到他们一直在我身后追赶着。——刘翔

因为水星也是巨蟹座，这个巨蟹座在人前表现得更为客气，与人交谈时更在意对方的反应，怕自己说话不得体，惹得对方不高兴，或是影响了气氛。这个巨蟹座在社交场合多半会给人留下好印象，但他其实不善交际，社交场合最好别停留太久，免得不自在，不过如果有熟人陪同，则会好一些。

这个巨蟹座爱跟熟识的人闲话家常（家人为主），分享生活点滴，女的要比男的强烈些，不过巨蟹女私下对人的牢骚也多。因为水星巨蟹的关系，这个巨蟹座有两种类型。

一种是见着人会笑脸迎人，对任何人都如此，感觉比较随和；另一种人则长得比较严肃，对人的态度要看情形，心情不佳的时候，神情看起来不易亲近。前者在人前比较讨喜，适合常跟人接触互动；后者看起来比较有个性，也比较能形成个人魅力，职场历练靠真本事，可以成为独当一面的人物。

刘翔、任贤齐、张学友、费玉清、陶喆、雷恪生、林宥嘉、陈汉典、甄珍、钮承泽、巴戈、陈孝宣、狄波拉、许效舜、藤原纪香、Saya、台积电董事长张忠谋、英国黛安娜王妃、好莱坞影星汤姆·汉克斯（Thomas Hanks）等人，都是水星巨蟹的巨蟹座。

巨蟹座＋水星狮子座

听过多少掌声，收获多少鲜花，就会有多少磨难。——李玉刚

因为水星狮子的关系，这个巨蟹座跟人讲话的时候，虽仍谦逊客气，不过比较直爽，比较有主见，不会怕这怕那的不敢畅所欲言，如果谈到自己熟悉的话题，他会侃侃而谈，很有见地。他对于事情比较有自己的看法，不会人云亦云，也不会不好意思说出来，是个客气中带着固执的人。

这个巨蟹座的个性比较强，喜欢主导事情，跟自己有关的事，喜欢按着自己的意思做，不会任由别人插手。有时忙不过来，或碰到做不来的事时，会差遣别人去做，巨蟹女在这方面比较强烈些。

这个巨蟹座有闲不下来的个性，喜欢有事做、日子过得充实的感觉，如果没事可忙，他会自己找事做。他找的事，不见得都是大事，出门逛逛，跟人聊聊，研究一些东西，整理东西等，对他而言都是事情，就是不会发呆浪费时间。女的巨蟹座要比男的巨蟹座忙碌些，因为她们碰到的琐碎事务比较多。巨蟹男的心思，比较集中在几样感兴趣的事物上。

李玉刚、殷谦、李宗盛、林志炫、孙燕姿、张艾嘉、林凤娇、瑶瑶、卢广仲、锦容、袁艾菲、赵自强、陈孝萱、宋纪妍、迈克尔·菲尔普斯（Michael Phelps）、美国网络畅销作家雅曼达·哈金（Amanda Hocking）、好莱坞影星罗宾·威廉斯（Robin Williams），及林赛·罗韩（Lindsay Lohan）等人，都是水星狮子的巨蟹座。

巨蟹座的人，他的金星星座一定是金牛座、双子座、巨蟹座、狮子座及处女座这5种之一，不会是别的。金星星座影响一个人的喜怒好恶，如果不把巨蟹座的金星星座也考虑进来，难以知道他跟人相处的全貌。

巨蟹座＋金星金牛座

心软的男人更敏感，更能懂得珍惜，我希望自己永远保持这样一颗心。
——任贤齐

因为金星金牛的关系，这个巨蟹座会因性别的不同，人际交流的积极

性有些不同。如果这个巨蟹座是个男的，他的外务一般比较多，常出门，原因多跟工作有关，朋友来找也多半会出门，比较好约，人面比女的巨蟹座广。这个巨蟹男也会因工作接触面的关系，尝遍大江南北的菜肴。

如果是个女的，人面没有像巨蟹男那么广，出门比较会看原因，没必要的，嫌麻烦的，就不会出门，不是认识的人来找都会出门。她也比较注重生活享受，买东西注重有质感的。

不论性别，这个巨蟹座只要一回到家，就会变得比较慵懒，没事的时候可以睡得比较久，收拾整理有关的家务，多是看心情而定，如果有人代劳，他也会乐得让别人做。虽然在家闲散，可是一工作起来（或忙起来），便精神奕奕，勤勤恳恳地把事情做好。

因为金星金牛的关系，让原本就念旧的巨蟹座，更顾念老关系。他对朋友很好，是个忠诚可靠的朋友，他跟老关系，或是曾共同经历一些事的人，最好保持联系，因为这样的人，很容易成为他职场的贵人。

任贤齐、王志文、钮承泽、林凤娇、狄波拉、英国威廉王子、英国黛安娜王妃，及美国游泳运动员迈克尔·菲尔普斯（Michael Phelps）等人，都是金星金牛的巨蟹座。

巨蟹座＋金星双子座

性格不合是分手的借口，倘若要和好，就会把它说成性格互补。

——张学友

因为金星双子的关系，这个巨蟹座有两种类型。一种是看到人比较有笑容，比较会跟人寒暄，经常笑脸迎人的，感觉起来比较随和。另一种是看起来静静的，有点严肃，表情有点酷，经常是一号表情，感觉不容易亲近。

虽说看起来的样子，跟真实的个性不一定是相同的，但前者在人前会比较吃香，比较能博得好感，而前者的工作形态，最好也是站在台前，多跟人接触的。后者要博取他人的好感，则要花点时间，人际关系是细火慢炖，细水长流型的。

不论是哪种类型，这个巨蟹座很喜欢跟朋友聊天闲扯，好友中会有几个人对自己的工作有帮助。巨蟹男在跟朋友闲聊时，要比私下在家里的时候活泼许多，话也比较多；巨蟹女要比巨蟹男爱跟家人分享生活点滴，跟外人则要看情形。

张学友、李宗盛、赵宝刚、殷谦、陶喆、包伟铭、张艾嘉、甄珍、陈美凤、梁洛施、曹启泰、林宥嘉、李威、瑶瑶、卢广仲、藤原纪香、好莱坞影星汤姆·汉克斯（Thomas Hanks）等人，都是金星双子的巨蟹座。

巨蟹座＋金星巨蟹座

我喜欢用有团队精神的人，不抢功，不当明星。——张忠谋

因为金星巨蟹的关系，这个巨蟹座更重感情，对朋友更够义气，能帮的忙会尽量帮，而且护短，别人若说他朋友什么不好听的话，他会仗义地出面维护。这个巨蟹座的职场生涯，会有几个老朋友一直保持工作上的关系，若想早点碰到贵人，不妨多参考前述有缘人的特征。

因为是金星巨蟹的关系，这个巨蟹座有两种类型。一种比较宅，生性比较低调，没事不出门，只想过自己单纯的日子，平日只跟少数几个人互动。这种类型的人，家人、亲戚，或是老朋友、老同学等老关系对他比较重要，也容易成为他的职场贵人，应该常联系走动，而他的工作对象也比较固定，就那几个人，彼此关系的维持也因而要多下工夫。

另一种是外务比较多的，家里若没事就会想出门，朋友也很好约他，只要有个正当理由，他就会出门。他平日的外务多，聚会多，接触的人多，常跟人互动，场面话、客套话说得比较多，花在社交场域的时间比较多，职场遇贵人的机遇也比较多些。

刘翔、台积电董事长张忠谋、费玉清、刘谦、汪小菲、陈汉典、曹格、关颖，及美国网络畅销作家雅曼达·哈金（Amanda Hocking）等人，都是金星巨蟹的巨蟹座。其中刘翔、费玉清、张忠谋及陈汉典，水星也是巨蟹座，所以他们是纯巨蟹座的人。前述提到有关巨蟹座的性格特征及人脉经营心法，对纯巨蟹的人而言会更强烈些。

巨蟹座＋金星狮子座

他们（朋友）的英年早逝，更坚定了我的想法，那就是一定要放慢工作节奏，工作只是生活的一部分，是生活的调味剂。——雷恪生

因为金星狮子的关系，这个巨蟹座在社交应酬的场合，比其他巨蟹座更加活泼健谈，也比较风趣，很有个人魅力。这个巨蟹座比较有个性，性情直率，在职场上适合露脸站在第一线的工作。

这个巨蟹座如果是个女的，个性要比男的来得强，比较有脾气，不高兴的事会直接表达，不大会搁在心里。她比较注重流行，经常留意生活中正在风行的事物，蛮懂得生活情趣，也比较爱花钱，常买东西。她虽好强，但耳根软，中听的话对她很有效。她的兴趣广泛而多变，不适合单调、缺乏变化的工作。

这个巨蟹座如果是个男的，不像巨蟹女那么在乎流行，会吸引他的事物比较固定，除了固定的生活嗜好外，对其他的事情就比较不关心。他不像巨蟹女那么爱买东西，平常不大买什么，但对特定的事物比较敢花，一花就是不少钱。他是个专业型的人物，一生中从事的工作都在固定的领域，变化不大。

雷恪生、梁朝伟、陈建斌、向真、巴戈、陈孝萱、赵自强、袁艾菲、锦容、好莱坞影星汤姆·克鲁斯（Tom Cruise）、罗宾·威廉斯（Robin Williams）、及林赛·罗韩（Lindsay Lohan）等人，都是金星狮子的巨蟹座。

巨蟹座＋金星处女座

我曾经是一个叛逆的人，有太多自己的理想和想法，总是觉得这不对、那不对的，甚至想要逃离原有的生活空间，因为我喜欢自由。

——孙燕姿

因为金星处女的关系，这个巨蟹座有两种类型。一种是意见比较多，规矩比较多，有倔脾气，旁人有时觉得难搞。另一种是比较好说话，比较好商量，不是个意见多的人，旁人要干什么，他多半会配合。

前者做事有不少的坚持，适合走专业路线，做好分内的事，或靠真才实学取胜。后者人际关系圆融，比较能跟人打交道，适合业务性质，或人际互动频繁的工作，靠人际关系为主，专业为辅。

不论是哪种类型，这个巨蟹座对工作都很认真投入，忙起来时经常从早忙到晚，适时的休息充电对其很重要，包括吃些好吃的。

孙燕姿、李玉刚、中国台湾艺人许效舜、陈孝萱、宋纪妍等人，都是金星处女的巨蟹座。

巨蟹座的人，出生时水星是什么星座，金星是什么星座，以下附了两张表，供出生在1950年到1990年的巨蟹座查询。

表一　不同水星星座的阳历出生日期

年	水星双子	水星巨蟹	水星狮子
1950	6.22~7.2	7.3~7.16	7.17~7.23
1951	6.23	6.24~7.8	7.9~7.23
1952	无	6.22~6.30	7.1~7.22
1953	无	6.22~6.26	6.27~7.22
1954	无	6.22~7.23	无
1955	6.23~7.13	7.14~7.23	无
1956	6.22~7.6	7.7~7.21	无
1957	6.22~6.28	6.29~7.12	7.13~7.22
1958	无	6.22~7.4	7.5~7.23
1959	无	6.22~6.28	6.29~7.23
1960	无	6.22~6.30 7.6~7.22	7.1~7.5
1961	无	6.22~7.22	无
1962	6.22~7.11	7.12~7.23	无
1963	6.22~7.3	7.4~7.18	7.19~7.23
1964	6.22~6.24	6.25~7.8	7.9~7.22
1965	无	6.22~7.1	7.2~7.22
1966	无	6.22~6.26	6.27~7.23
1967	无	6.22~7.23	无
1968	6.22~7.12	7.13~7.22	无
1969	6.22~7.7	7.8~7.22	无
1970	6.22~6.30	7.1~7.14	7.15~7.23

年	水星双子	水星巨蟹	水星狮子
1971	无	6.22～7.6	7.7～7.23
1972	无	6.22～6.28	6.29～6.22
1973	无	6.22～6.27 7.17～7.22	6.28～7.16
1974	无	6.22～7.22	无
1975	6.22～7.12	7.13～7.23	无
1976	6.22～7.4	7.5～7.18	7.19～7.23
1977	6.22～6.26	6.27～7.10	7.11～7.22
1978	无	6.22～7.2	7.3～7.23
1979	无	6.22～6.27	6.28～7.23
1980	无	6.22～7.22	无
1981	6.23～7.12	6.22 7.13～7.22	无
1982	6.22～7.9	7.10～7.23	无
1983	6.22～7.1	7.2～7.15	7.16～7.23
1984	6.22	6.23～7.6	7.7～7.22
1985	无	6.22～6.29	6.30～7.22
1986	无	6.22～6.26	6.27～7.22
1987	无	6.22～7.23	无
1988	6.21～7.12	7.13～7.22	无
1989	6.22～7.5	7.6～7.20	7.21～7.22
1990	6.22～6.27	6.28～7.11	7.12～7.22

※不确定自己是什么星座的，可以上星吧网查询（xingbar.com.cn）。

表二　不同金星星座的阳历出生日期

年	金星金牛	金星双子	金星巨蟹	金星狮子	金星处女
1950	6.22～6.27	6.28～7.22	7.23	无	无
1951	无	无	无	6.23～7.8	7.9～7.23
1952	无	6.22	6.23～7.16	7.17～7.22	无
1953	6.22～7.7	7.8～7.22	无	无	无
1954	无	无	无	6.22～7.13	7.14～7.23
1955	无	6.23～7.7	7.8～7.23	无	无
1956	无	6.24～7.22	6.22～6.23	无	无
1957	无	无	无	无	无
1958	无	无	6.22～7.1	7.2～7.22	无

年	金星金牛	金星双子	金星巨蟹	金星狮子	金星处女
1959	6.22～6.26	6.27～7.22	7.23	无	无
1960	无	无	6.22～7.15	7.16～7.22	无
1961	6.22～7.7	7.8～7.22	无	无	无
1962	无	无	无	6.22～7.12	7.13～7.23
1963	无	6.22～7.7	7.8～7.23	无	无
1964	无	6.22～7.22	无	无	无
1965	无	无	6.22～6.30	7.1～7.22	无
1966	6.22～6.26	6.27～7.21	722～7.23	无	无
1967	无	无	无	6.22～7.8	7.9～7.23
1968	无	无	6.22～7.15	7.16～7.22	无
1969	无	6.22～7.6	7.7～7.22	无	无
1970	无	无	无	6.22～7.12	7.13～7.23
1971	无	6.22～7.6	7.7～7.23	无	无
1972	无	6.22～7.22	无	无	无
1973	无	无	6.22～6.30	7.1～7.22	无
1974	6.22～6.25	6.26～7.21	7.22～7.23	无	无
1975	无	无	无	6.22～7.9	7.10～7.23
1976	无	无	6.22～7.14	7.15～7.22	无
1977	6.22～7.6	7.7～7.22	无	无	无
1978	无	无	无	6.22～7.11	7.12～7.23
1979	无	6.22～7.6	7.7～7.23	无	无
1980	无	6.22～7.22	无	无	无
1981	无	无	6.22～6.29	6.30～7.22	无
1982	6.22～6.25	6.26～7.20	7.21～7.23	无	无
1983	无	无	无	6.22～7.10	7.11～7.23
1984	无	无	6.22～7.14	7.15～7.22	无
1985	6.22～7.6	7.7～7.22	无	无	无
1986	无	无	无	6.22～7.11	7.12～7.22
1987	无	6.22～7.5	7.6～7.23	无	无
1988	无	6.21～7.22	无	无	无
1989	无	无	6.22～6.29	6.30～7.22	无
1990	6.22～6.24	6.25～7.19	7.20～7.22	无	无

※不确定自己是什么星座的，可以上星吧网查询（xingbar.com.cn）。

狮子座

7.23~8.22

狮子座的性格特征

就是要不一样

踩着别人脚步走路的人，永远不会留下自己的脚印。——爱因斯坦

狮子座讨厌平凡庸俗，就是要不一样，这是他的人生观。狮子座不喜欢一成不变的生活，不喜欢刻板没变化的生活步调，不喜欢照着别人的路子走，他有自己的想法，有自己的方式，不喜欢跟别人一样。

狮子座的生活里不能没有好玩的事来调剂。好玩的事，不一定是吃喝玩乐，也可能是某种兴趣。狮子座的成长过程中，一定有几项嗜好，是他的生活重心，不单是为了打发时间，而是我不真心喜欢去做那件（些）事。那件（些）事他会玩出心得，玩出自己的特色。

除了日子要过得充实，不能平淡外，在穿着、造型、装扮上，狮子座也挺有自己的特色，会让人印象深刻。与众不同，是狮子座很重要的人生哲学，当旁人都怎么样的时候，他不会也干同样的事，即使做的是同一件事，他也会有自己的风格，自己的亮点。

不论是《阿凡达》、《泰坦尼克号》、《异形》、《终结者》，还是《第一滴血》，詹姆斯·卡梅隆（James Cameron，狮子座）的电影，都有着一贯独特的风格：与众不同的剧本，鲜活的人物，扣人心弦的情节，出神入化的电脑特效，以及巨大的破坏场面。

他的演艺之路起步比别人晚，长相也非典型的俊男，但是凭着鲜明的特色，及独特的诠释方式，孙红雷（狮子座）成了当红的实力派演员。

他会打鼓，会唱歌，会跳舞，会演戏，会主持节目，各个表现不凡。全方位的发展，让罗志祥（狮子座）成为难得的艺人，为自己创造了许多传奇。

狮子座不会人云亦云，不随波逐流，不会被别人牵着鼻子走。他喜欢的事情，他认为对的事情，再怎么样也会坚持下去。狮子座虽固执，但不是顽固，不是个食古不化的人；相反，狮子座喜欢多方尝试，喜欢接受挑战，喜欢给人耳目一新的感受。狮子座的执著，表现在原则上，至于怎么做，狮子座不设限，很有弹性。

需要掌声

> 每个人都喜欢受人恭维。——林肯

狮子座做事认真，很投入，很肯拼。他追求成就感，除了头衔、钱财等实质性报酬外，别人的肯定及喝彩，也是不可缺少的一环，有时比物质上的收获还重要。狮子座不怕苦，不怕累，只要有掌声，他都会精神一振，越做越带劲。每个人都需要掌声，但狮子座比较明显，是他不可缺少的日常养分，如果周遭太安静，他会索然无味，没劲儿，做不了多久。

掌声不见得只是拍手叫好。热情的响应，赞赏的眼神，认同的举措，好听的美言，都算是掌声，而且不一定得做大事的时候才需要掌声，寻常生活里的一件小事，只要有人称许，对狮子座都有鼓舞作用，都会让他笑逐颜开。

狮子座怕孤单，怕踽踽独行，因为安静的世界里，不会有掌声。狮子座做任何事，潜意识里都希望对人产生影响，都希望别人注意。默默无闻、无足轻重的事，对狮子座而言，是个难堪的寂寞。

狮子座心情好的时候，什么都好说，什么都可以谈；心情不好的时候，像个铜墙铁壁，很难沟通。狮子座心情好的时候，一定有好事伴随着，如果没啥特别的好事，对他说好听的话，也是好事。掌声（包括好听的话），对狮子座有着奇幻般的魔力。

爱面子

> 什么地位！什么面子！多少愚人为了你这虚伪的外表而凛然而生畏。
>
> ——莎士比亚

狮子座的自尊心很强。除了追求荣耀，注重形象，喜欢被人肯定外，狮子座好强，特别不喜欢被人看扁。别人越是不看好，他越是要让人刮目相看；别人越是等着看好戏，他越是不让人称心。竞争的舞台如果输了，他会表现得有风度；惨了，他会表现得若无其事；落魄了，他依然会抬头挺胸。狮子座不喜欢别人认为他不行，再怎么样都会把架势摆出来，绝不会让人看到他垂头丧气的样子。

狮子座经不起批评，也经不起被激。一旦有人讲了他两句，或是对他不敬，他的脸色立刻不好看，如果情况允许，他会反驳，会辩护，而且越说越大声，非要讨回面子不可。狮子座不喜欢别人说他，但却爱说别人，他的自尊心不只是被动防卫式的，还会借由指正别人，开导别人，突显自己的确有两把刷子。狮子座喜欢别人把他当一回事，不只不能说他，还要听他说的话。

狮子座的耳根软。奉承、赞美的话，对他很有用。好听的话，人人爱听，但狮子座比较严重。有的人对于不实的赞美、牵强的美言，会排斥，但狮子座不会。只要是好话，听来顺耳的话，狮子座都爱听，即使说者意图露骨，心怀不轨，狮子座嘴上不悦，但心里仍会喜滋滋的，原本的姿态会渐渐放软，放低，原本的火气会渐渐消散。想讨狮子座的欢心，想跟狮子座讨饶，想跟狮子座讨好处，想获得狮子座的应允，嘴巴一定要甜，一定要说好听的话，否则事倍功半。

狮子座的脸皮薄。丢脸、会成为笑柄、上不了台面的事，他做不来，因为他怕别人笑话。狮子座不会求人，即使有此意图，也会拐弯抹角地说得铿锵有声，或是施以他惠，礼尚往来，就是不会让自己矮人半截。狮子座不会认错，会辩解，会拗，就算是"罪证确凿"，他也只会摸摸鼻子，闷头不认、不谈，也希望别人别再说了。

需要顺着毛摸

> 只可顺守，不可逆取。——周恩来

骨子里好强，好面子，重形象的天性，驱使狮子座喜欢与正面的字眼为伍，例如，敬业、用心、有担当、有魄力、积极进取、乐观开朗、慷慨大方、说话算话、光明正大等，是他给人的一般印象。至于负面的字眼，例如，爱计较、小里小气、小鼻子小眼睛、胆小怕事、软弱无能、不思进取、推三阻四、坐吃等死、小动作、耍心机、搬弄是非、嚼人舌根等，他会像碰到瘟神一样，避得远远的。

只要是正面的字眼，狮子座都乐于沾上边，旁人如果说他是这样的人，或是用这样的认知看待他，肯定会获得他的好感。所有负面的字眼，狮子座不只不想沾上，更不想被贴上标签，如果被人影射，哪怕是瞎说胡说，肯定会激怒他。

对于喜欢和不喜欢的事物，狮子座表现得很明显，对人也一样。前述负面的字眼，任何人只要有着近似的个性，或是做出近似的行为，狮子座就会很嫌恶，想离这样的人远远的。同理，狮子座欣赏跟自己有相似作风的人，即使没能处得来，也会有不错的评价。

狮子座是个容易取悦，也容易被激怒的人。很容易理解、观看与他互动的人是不是个明白人。顺着狮子座的毛摸，会跟他相处愉快，也能鼓舞出他个性中正面阳光的一面；如果逆着摸，不论是无心还是有意的，只会激怒他，于事无补，徒增反效果。

这种"顺我者欢，逆我者愁"的个性，让狮子座有点霸道、高傲、固执。他的情人、部属、工作同僚的感受会更深刻些。不过，只要懂得顺着毛摸的窍门，狮子座很好相处。

不会亏待人

从来小孩爱戴高帽儿，吃软不吃硬。

——[清]醉月山人《狐狸缘全传》

对于说话讨喜的人，狮子座会很友善；对于善待自己的人，狮子座会礼尚往来；对于表现良好的人，狮子座会大方赏识；对于有恩于己的人，狮子座会涌泉以报。这些人际互动的特色，不只出现在狮子座的日常生活中，也会出现在职场里，或是跟市井商家间的交易买卖中。狮子座是个很愿意付出的人，只要他高兴。他不会亏待任何一个让他高兴，让他满意，受他肯定的人。

狮子座也许要求多，也许强势，但他不会亏待人，不会欺负人，不会占人便宜，反而喜欢给予，喜欢照顾人。狮子座容易心软，除了表现在耳根软，怕人苦苦哀求外，碰到弱势的人、值得同情的人，他也容易动恻隐之心，想要助人一把。

狮子座是个遇硬则硬、遇软则软的人。对他好，他也对人好，如果对他不友善、来硬的，那狮子座只有硬碰硬，好恶分明，固执得一目了然。

狮子座的人脉经营心法

不是只有自己需要掌声

要改变人而不触犯或引起反感，那么，请称赞他们最微小的进步，并称赞每个进步。——卡耐基

狮子座需要掌声，有了别人的肯定及鼓励，他才会继续坚持，继续努力，否则会变得没劲儿。但是别忘了，不是只有狮子座才需要掌声，其他人也需要，只是狮子座比较严重罢了。

狮子座喜欢听好听的话，但也别忽略了，好听的话，任何人都爱听，对任何人也都有效。自我，是狮子座在人际交流时经常犯的毛病。期待别人先注意我，先对我好，自己才热情相向，这心态容易让狮子座显得高傲，会因此错失可能的机缘。

狮子座不常赞美别人，也许在他的眼里，一般人没好到值得他夸奖的地步；也可能是他个性好强，赞美别人，像似矮人一截，或是自己也想要的东西，不想平白让人拿去。其实，狮子座可以这么想，输赢之间，里子比较重要，面子不影响大局，况且，赞美别人，赢得好感，比辛苦费劲展现自己，博得他人好感要轻松许多，不会不划算。

人同此心，心同此理，既然好听的话对自己这么有魔力，狮子座也可以学着这个魔法，用自己独特的风格去赞美他人，相信只会增添魅力，不会折损面子。

谦虚，不会矮人半截

真正的勇敢，都饱含谦虚。—— W. S. Gilbert

狮子座对人大方，不会吝啬，对于自己的长处、优点，过往的人生经验、职场起伏，也一样不吝于分享。分享不是问题，但如果过度了，变成爱表现，有机会就秀，容易让人不舒服。

喜欢听好话的狮子座，谦虚不是他的优点之一。虽然狮子座的确该为他的长处骄傲，因为那是他努力付出，辛苦挣来的，不过正如牛顿曾说过的，"谦虚对于优点犹如图画中的阴影，会使之更加有力，更加突出。"喜欢以强者、能者形象出现在众人面前的狮子座，其实可以抛开强者没有弱点，强者一定强硬的刻板印象，有时谦虚也能服人。

职场里摸爬滚打的人很多，认真踏实有成绩的也不少，但不是每个人都将架势摆出来，但同样能获得他人的敬佩。任何事过度了，都会有反效果，爱面子，喜欢听好话的狮子座，适时显露本性就好，偶尔谦逊些，勇敢地承认不足之处，将镁光灯让给别人，更能博得他人的好感。

自视高可以，但别放不下身段

放下架子，路就会越走越宽，架子只会捆住你的手脚。——民间谚语

狮子座做事积极，敢于接受挑战，敢于承担，对自己很有信心。自信心，如果再加上期望与众不同的心态，一没留意，便容易自诩不凡了。

狮子座个性鲜明，但也容易因过了度，显得极端。对自己如果有一番期许，放在心里就好，如果形于外，处处显露自己的与众不同，有些事不愿做，不愿碰，有些身段放不下，便很难与大众同乐。试想，一个看起来自命不凡、自视甚高的人，旁人干嘛跟自己过不去想攀近乎？

自我要求高，对自己有一番期许，这是狮子座的天性，不必勉强自己改变，但心思放在心里就好，身段不能先高起来，至少在还没达到目标前，别先摆谱，否则惹人侧目，对人际关系不会有好处。

热情，永远的利器

> 人生就像一场戏，重要的不是长度，而是演出的精彩程度。
>
> ——罗马哲学家赛内加（Seneca）

热情，是狮子座最吸引人的优点之一。有狮子座在的场合，场面不会冷，永远有话题；有狮子座参与的事，一定风风火火，热热闹闹。当然，如果这些人都是熟识，一定更闹腾些。

即使是内向型，或是严肃型的狮子座，在人际交流时，也会因热闹而心开，也会眼热地迎向他人的目光，因为骨子里喜欢受肯定的他知道，在众人面前不能丢脸，要把握机会秀自己。

即使是外表严峻的狮子座，也有一颗热心肠，不见得会鸡婆别人的闲事，但一定会热心参与，热情地想做事。只要不惹他嫌，狮子座对人是热情的，喜欢帮助他人，喜欢让自己有所贡献，别人越需要他，他就越来劲儿。在职场中，狮子座应该善用自己的这份热情，广结人脉，建立好人缘，即使一时没能感染他人，至少会先照亮自己。

倾诉，让人更喜欢你

> 如果人们敢于互相推心置腹地讲出心里话，一百年后世界将会减少许多痛苦。——巴特勒（Butler）

好强爱面子的狮子座，人前不大低头，也不会显露自己脆弱、不行的一面。只要是跟自己有关的事，他希望别人知道的都是正面的，即使要追忆糗事，提起难堪的过往，也得等他出人头地之后再说。狮子座不大会跟人诉苦，不大会跟人讲惧怕的事、伤心的事，至少不会在事发的当下讲，因为这些会显得自己不行。

好强爱面子是狮子座的天性，若硬要变成悲苦的模样，有点强人所难，不过任何事只要过度了，就会有副作用。人前如果老是一派坚强，不跟人交心底，久了就没人想跟自己谈心，不愿分享情绪，狮子座就真的变成与众不同的异类了。

狮子座可以这么想，如果做不到跟人吐点苦水，求慰藉，至少可以用自己觉得自然的方式，例如自嘲，跟人分享点滴，拉近距离。偶像剧里的万人迷，各个有血有泪，缺点一大堆。找不到缺点，或是不承认有缺点的人，只会被贡上桌，走不下人间。

与众不同，永远的魅力

每个人都有一个与众相同的自我和一个与众不同的自我，只是所占比例不同。——英国文学家劳伦斯（Lawrence）

狮子座个性鲜明，有自己的行事风格。他不跟人和稀泥，不走别人走过的路子，不依别人都那样我也该怎样的论调，一心想跟人不一样。

就是这种与众不同的心态，让狮子座容易脱颖而出，容易引人注目。狮子座应该一直保持这种区隔策略，不迷失，不随波逐流不因他人而改变，即使人生有跌宕，或行为该修正，但心性是珍贵的，浑然天成的，无可复制的，有个性才会有魅力，才有机会等到众人瞩目的时刻到来。

跟花样多的人有缘

在自己的乐趣方面，人人都不是伪君子。——英国约翰逊

狮子座为何跟花样多的人有缘？这事得从狮子座的长辈说起。狮子座小的时候，家里有位长辈（父母，或其他亲人），生活步调比较多样，花样比较多，有些调剂让日子比较有情趣，狮子座跟他（她）相处，因而也接触一些新鲜有趣的事物。反观另一位长辈（可能是父母中的另一位，或是其他亲人），则日子就过得比较单调，没啥变化可言，每天做固定的事，去固定的地方，可能连作息时间也很固定。狮子座在成长的过程中，不论是学习阶段，还是闯事业的阶段，不妨多留意花样比较多的人。这样的人，喜欢生活有变化，喜欢透过一些新鲜事物来调剂生活，比较懂得生活情趣，个性上也有讨喜迷人之处。

这样的人要比其他人为狮子座带来好运的可能性高一些。同理类推，

狮子座如果碰到比较无趣乏味的人，每天只固定地做那几件事，没什么变化，这样的人也可能成为狮子座的贵人，在适当时机帮狮子座一把，有机会跟这样的人拉近关系时，也别错失表现的机会。

跟爱听好话的人有缘

明智的表扬之于孩子的作用，就如同阳光之于花朵。

——英国作家罗素（Bertrand Russell）

狮子座也跟爱听好话的人有缘，原因跟前述亲人的效应一样，也就是家里有位长辈（或其他亲人），明显爱听好听的话，捧他（她），或是说些跟他（她）有关，跟家人有关正面的话，他（她）就会很高兴，反之则会生气，而趁他（她）心情好时要求些事，往往能成，否则挑错时间，只会找骂挨。那位长辈亲人，也比较不会夸奖小孩。反观狮子座的另一位长辈（或是其他亲人），对于别人说好听的，还是说不中听的，反应没什么明显差别，不像前述的那位，那么容易受别人说什么影响。

狮子座若要碰贵人，不妨也多留意爱听好听的，以及不太受影响的人。后者因为比较理性，情绪起伏不大，习惯就事论事，狮子座持平常心应对即可。倒是前者，因狮子座本身不善于拍马逢迎，又有遇硬则硬的个性，而爱听好话的人，往往也是单位组织里掌权的人，因此在应对进退上要多点智慧。狮子座可以这么想，那样的人跟自己一样，遇软则软，怎么拿捏，自己稍微想一想，就可以心领神会了。

8种不一样的狮子座

每年7月23日到8月22日出生的人都是狮子座，但不是每个狮子座都是一样的个性，人脉经营的诀窍也因而有些不一样。这是因为在这段时间，只是天上的太阳在狮子座，但影响一个人表达方式比较大的水星，不一定在狮子座，而影响一个人喜怒好恶比较大的金星，这段时间也不一定在狮子座。

狮子座的人，出生时的水星星座一定是巨蟹座、狮子座、处女座这3种之一，不会是别的。就像是玩拼图一样，不把狮子座的水星星座也纳进来，组合不了这个人完整的个性。

狮子座＋水星巨蟹座

我凡事必有充分的准备然后才去做。——李嘉诚

因为水星巨蟹的关系，这个狮子座跟人讲话的时候比较客气、斯文，会察言观色地看场合讲话，人缘一般不错。不过别因为对人客气，就觉得他很好说话，其实他仍有硬脾气，有些事挺较真，勉强不来。

因为水星巨蟹，这个狮子座做事比较谨慎，想好了，准备好了才行动。他在人前有两种类型，一种是见着人会笑脸迎人，对任何人都如此，感觉比较随和；另一种长得比较严肃，对人的态度要看情形，心情不佳的时候，神情看起来不易亲近。虽说给人的印象不一定跟真实的个性一致，不过前者在人前比较讨喜，工作适合常跟人接触互动的；后者看起来比较有个性，也比较能形成个人魅力，职场历练靠真本事，可以成为独当一面的人物。

香港首富李嘉诚、胖丫、杨冰、张雨琦、香港食神何京宝、庾澄庆、潘玮柏、庹宗康、台湾演员潘丽丽、宋少卿、李戡（李敖儿子）、好莱坞演员马丁·辛（Martin Sheen）、阿诺德·施瓦辛格（Arnold Schwarzenegger）等人，都是水星巨蟹的狮子座。

狮子座＋水星狮子座

有网友说，"你们解说中的评论总是自以为是"……说得有道理，可是我们又不能去说自以为不是的话。——董路

因为水星也是狮子座，强化了这个狮子座有主见，比较直率的个性。他不会只是乖乖地听别人说什么，他若有想法，会说出来，不会憋着。他的主观意识比较强，认定的事，喜欢的事，别人很难改变。

这个狮子座的个性比较强，喜欢主导事情，跟自己有关的事，喜欢按着自己的意思做，不喜欢别人干涉。碰到事情忙不过来，或碰到做不来的事的时候，他会差遣别人去做，女的狮子座在这方面要强烈些。

这个狮子座闲不下来，喜欢有事做、日子过得充实的感觉，如果没事可忙，他会自己找事做。他找的事，不见得都是大事，出门逛逛，跟人聊聊，研究一些东西，整理东西等，对他而言都是事情，就是不会让时间平白无故的耗掉。狮子女要比狮子男忙碌些，因为碰到的琐碎事务比较多，狮子男的心思，比较集中在几样感兴趣的事物上。

董路、宋祖英、陈凯歌、余秋雨、甄子丹、郑爽、常柳平、张默、杨紫琼、萧蔷、吴辰君、罗志祥、童安格、伍思凯、张克帆、祝钒刚、主持人张小燕、冯德伦、许志安、丁子高、乐基儿、曾华倩、韩星金基范、日本童星加藤清史郎、日星水川麻美、华硕集团董事长施崇棠、Google创办人谢尔盖·布尔（Sergey Brin）、中芯运营官杨士宁、艺术家安迪·沃荷（Andy Warhol）、伊夫·圣·罗兰（Yves Saint Laurent，YSL）、诺贝尔经济学奖得主菲尔普斯（Edmund Phelps）、英国女歌手莎拉·布莱曼（Sarah Brightman）、

好莱坞女星珊卓·布拉克（Sandra Bullock）、哈莉·贝瑞（Halle Berry）、西恩·潘（Sean Penn）、导演詹姆斯·卡梅隆（James Cameron）等人，都是水星狮子的狮子座。

狮子座＋水星处女座

生命总是迸发于混乱的边缘，所以，在混乱的状况中生存是我最擅长的。——乔治·索罗斯

因为水星处女的关系，这个狮子座做事比较有条理，喜欢事情进行得有理有序，不喜欢看着事情乱无章法，甚至失控。面对紊乱的局面，他能很快地理清状况，什么事情先做，什么事情后做，什么事情重要，什么事情次要，他的心里很快就有谱，然后按照该有的顺序做该做的事。这个狮子座心里想做的事很多，因此很注重效率，善于利用时间，不喜欢白费时间，也不喜欢因为别人的因素拖累自己。

因为水星是处女座，这个狮子座有两种类型。一种是人前比较矜持，不善于人际互动，跟人比较慢熟。另一种是比较能跟人说说笑笑，讲话也比较直接，有什么说什么。前者不善于社交，专心做好自己的事就好，属于专业型的人物；后者虽然喜欢跟人交流，但比较喜欢给意见，爱讲道理，虽然言之有物，但最好还是要留意听者是否有兴趣。

金融大鳄乔治·索罗斯（George Soros）、王菲、冯小刚、白岩松、孙红雷、相声艺人李菁、徐娇、梁从诫、吴建豪、许玮宁、谢贤、吴君如、网球运动员卢彦勋、日星菅野美穗、香港影视大亨林建岳、润泰集团总裁尹衍梁、梅琳达·盖茨（Melinda Gates）、新兴市场投资教父马克·墨比尔斯（Dr.J.Mark Mobius）、苹果创办人史蒂夫·沃兹尼克（Steve Wozniak）、好莱坞男星爱德华·诺顿（Edward Norton）、流行天后麦当娜（Madonna）等人，都是水星处女的狮子座。

狮子座的人，他的金星星座一定是双子座、巨蟹座、狮子座、处女座、天秤座这5种之一，不会是别的。金星星座影响一个人的喜怒好恶，如果不把狮子座的金星星座也考虑进来，难以知道他跟人相处的全貌。

狮子座＋金星双子座

我的牛仔裤基本上都不洗，不过我身上肯定不臭，因为我有体香。

——潘玮柏

这个狮子座如果是个男的，他跟朋友聊天闲扯时，比私下在家里的时候活泼许多，他在家里比较少讲话，常一个人沉浸在自己的事情上，有事的时候才跟家人讲讲话。如果是个狮子女，要比狮子男爱跟家人（当然也包括朋友）分享生活点滴，比较能聊自己的事。

因为金星双子的关系，这个狮子座有两种类型。一种是看到任何人都能聊上几句，即使是不熟的也一样；另一种则要看人，看情形，在不熟的人面前，会变得矜持。前者喜欢跟人接触，朋友比较多，工作形态最好是站在第一线，多跟人互动；后者个性比较低调，熟人面前才会放得开，工作形态最好是跟固定的对象互动，不需常常生张熟魏的。

潘玮柏、庾澄庆、张克帆、中国台湾演员潘丽丽、中国台湾歌手王若琳、好莱坞女星珊卓·布拉克（Sandra Bullock）等人，都是金星双子的狮子座。

狮子座＋金星巨蟹座

我不欣赏那种只会把爱挂在嘴上的人，因为说得容易，我会把爱说出来，也会用行动来表现我的爱。——罗志祥

因为金星巨蟹的关系，这个狮子座有两种类型。一种比较宅，生性比较低调，没事不出门，只想过自己的好日子，平日只跟少数几个人互动。这种类型的人，家人、亲戚，或是老朋友、老同学等老关系是他唯一的人际圈，也容易成为他的职场贵人，而他的工作对象也比较固定，就那几个人，彼此关系的维持也因而要多下工夫。

另一种是外务比较多的，家里若没事就会想出门，朋友也很好约他，只要有个正当理由，他就会出门。他平日的外务多，聚会多，接触的人多，场面话、客套话说的也比较多，花在社交场合的时间比较多，职场遇贵人的机遇也比较多。

不论是哪一类型的，这个狮子座都会把自己住的地方弄得很舒服，设备齐全，该有的都有，即使一两天不出门都没关系。他对家人，对朋友很够意思，能照顾的，能帮忙的，会尽心尽力的做。

罗志祥、王菲、宋祖英、董路、常柳平、张默、梁从诚、阿妹、主持人张小燕、乐基儿、甄子丹、戴立忍、冯德伦，李戡（李敖儿子）、日本童星加藤清史郎、日星菅野美穗、润泰集团总裁尹衍梁、梅琳达·盖茨（Melinda Gates）、苹果创办人史蒂夫·沃兹尼克（Steve Wozniak）、阿诺德·施瓦辛格（Arnold Schwarzenegger）、好莱坞男星爱德华·诺顿（Edward Norton）、马丁·辛（Martin Sheen）等人，都是金星巨蟹的狮子座。

狮子座＋金星狮子座

在过去70多年，虽然我每天工作十二小时，下班后我必定学习。

——李嘉诚

因为金星是狮子座，强化了这个狮子座好强、自负、爱面子的一面，再怎么样都不会低头服输。这个狮子座对人大方，风趣的时候很风趣，不过对于看不惯的事情不会忍着。他平常还好，但一发起脾气就会很凶，而且板着脸时让人不太敢靠近，人前最好多笑，比较容易给人好印象。

这个狮子座如果是个女的，她爱漂亮，爱打扮，爱买东西，心情好时出手大方，会请客，会送人礼物，对自己人（家人及老朋友）肯花钱。如果是个男的，平常的穿着就那样，没像狮子女那么有变化，会买的东西也不多，但一出手就是个大手笔。狮子女的兴趣比较广泛，经常变换，狮子男则只对固定的几件事感兴趣，长年不变。

李嘉诚、冯小刚、郑爽、庹宗康、丁子高、谢贤、黄靖伦、祝钒刚、许玮宁、韩星金基范、艺术家安迪·沃荷（Andy Warhol）、伊夫圣罗兰（Yves Saint Laurent）、诺贝尔经济学奖得主菲尔普斯（Edmund Phelps）、麦当娜（Madonna）等人，都是金星狮子的狮子座。

其中，郑爽、丁子高、黄靖伦、金基范、祝钒刚、安迪·沃荷、伊夫圣罗兰、菲尔普斯等人的水星也是狮子座，因此他们都是纯狮子座的人。前述提到有关狮子座的性格特征及人脉经营心法，对纯狮子座的人而言会更强烈些。

狮子座＋金星处女座

我认为管理就是一种修行。所有的问题，都是出在自己身上，人应该常常反躬自省。——施崇棠

因为金星处女的关系，这个狮子座有两种类型。一种是意见多，规矩比较多，旁人有时觉得难搞。另一种是比较好说话，做事比较有弹性，旁人要干什么，他多半会配合。

前者做事有不少的坚持，要求比较多，脾气也比较大，适合走专业路线，做好分内的事，或靠真才实学取胜。人脉经营的战略，是顺着自己的天性，跟谈得来的固定几个常往来的朋友（或同僚）保持密切的联系，因为贵人就在他们之中，迟早会有帮助。

后者虽比较好说话，不过碰到面子问题时，还是有固执的时候。他的人际关系比较圆融，比较能跟人打交道，适合业务性质，或人际互动频繁的工作。人脉经营的战略，是多出门，多跟人接触，好相处的性格应多让人知道，机遇比较容易碰到。

不论是哪种类型，这个狮子座都很务实，做事严谨，对工作很认真、投入，忙起来时经常从早到晚，适时的休息充电对其很重要。

华硕施崇棠、陈凯歌、白岩松、吴君如、相声艺人李菁、许志安、曾华倩、徐娇、杨紫琼、萧蔷、童安格、吴建豪、宋少卿、田中千绘、日星水川麻美、中芯运营官杨士宁、新兴市场投资教父马克·墨比尔斯（Dr. J.Mark Mobius）、香港影视大亨林建岳、香港食神何京宝、英国女歌手莎拉·布莱曼（Sarah Brightman）、好莱坞女星哈莉·贝瑞（Halle Berry）、帕特里克·斯威兹（Patrick Swayze）、西恩·潘（Sean Penn）、罗伯特·雷德福（Robert Redford）等人，都是金星处女的狮子座。

狮子座＋金星天秤座

在好莱坞，没有多少人值得信任。投资人想跟你签电影合约，不过是因为你有用，是个成功的导演，我讨厌好莱坞这种势利的行为。我不想隶属于任何别人的模式，我要建立自己的规则。

——詹姆斯·卡梅隆（James Cameron）

因为金星是天秤座，强化了这个狮子座直率的一面，有根直肠子，喜欢有话直说，尤其是在熟人面前。他喜欢跟人交流，不过通常在认识的人面前，话才比较多。如果是个女的，她喜欢跟朋友分享生活中的点点滴滴，爱八卦，话匣子一开经常聊个不停。如果是个男的，他也爱跟朋友聚聚，天南地北各式各样的话题都能聊，懂的东西不少。不论男女，这个狮子座跟朋友一块吃东西时，话会特别的多，越是轻松的场合，他越健谈。

这个狮子座的异性缘多半不错，不一定涉及男女关系，只要是异性，如异性的亲戚、同学、朋友、客户、同业、同僚、领导，及下属等，很容易在这些人之中，碰到与自己投缘，共事有默契的。这样的异性，更应该视为贵人，迟早对自己的事业发展有帮助。

导演詹姆斯·卡梅隆（James Cameron）、余秋雨、孙红雷、胖丫、杨冰、张雨琦、吴辰君、Google创办人谢尔盖·布尔（Sergey Brin）、金融大鳄乔治·索罗斯（George Soros）等人，都是金星天秤的狮子座。

狮子座的人，出生时水星是什么星座，金星是什么星座，以下附了两张表，供出生在1950年到1990年的狮子座查询。

表一　不同水星星座的阳历出生日期

年	水星巨蟹	水星狮子	水星处女
1950	无	7.24～8.1	8.2～8.23
1951	无	7.24～7.27	7.28～8.23
1952	无	7.23～8.23	无
1953	7.29～8.11	7.23～7.28 8.12～8.23	无
1954	7.24～8.7	8.8～8.22	无
1955	7.24～7.30	7.31～8.14	8.15～8.23

年	水星巨蟹	水星狮子	水星处女
1956	无	7.23～8.5	8.6～8.23
1957	无	7.23～7.29	7.30～8.23
1958	无	7.24～7.26	7.27～8.23
1959	无	7.24～8.23	无
1960	7.23～8.10	8.11～8.22	无
1961	7.23～8.3	8.4～8.18	8.19～8.23
1962	7.24～7.26	7.27～8.10	8.11～8.23
1963	无	7.24～8.3	8.4～8.23
1964	无	7.23～7.27	7.28～8.22
1965	无	7.23～7.31 8.4～8.23	8.1～8.3
1966	无	7.24～8.23	无
1967	7.24～8.8	8.9～8.23	无
1968	7.23～7.31	8.1～8.14	8.15～8.22
1969	无	7.23～8.7	8.8～8.23
1970	无	7.24～7.31	8.1～8.23
1971	无	7.24～7.26	7.27～8.23
1972	无	7.23～8.22	无
1973	7.23～8.11	8.12～8.23	无
1974	7.24～8.5	8.6～8.20	8.21～8.23
1975	7.24～7.28	7.29～8.12	8.13～8.23
1976	无	7.23～8.3	8.4～8.22
1977	无	7.23～7.28	7.29～8.23
1978	无	7.24～7.27 8.14～8.23	7.28～8.13
1979	无	7.24～8.23	无
1980	7.23～8.8	8.9～8.22	无
1981	7.23～8.1	8.2～8.16	8.17～8.23
1982	7.24	7.25～8.8	8.9～8.23
1983	无	7.24～8.1	8.2～8.23
1984	无	7.23～7.26	7.27～8.22
1985	无	7.23～8.23	无
1986	7.24～8.11	7.23 8.12～8.23	无
1987	7.24～8.6	8.7～8.21	8.22～8.23
1988	7.23～7.28	7.29～8.12	8.13～8.22
1989	无	7.23～8.4	8.5～8.22

年	水星巨蟹	水星狮子	水星处女
1990	无	7.23～7.29	7.30～8.23

※不确定自己是什么星座的，可以上星吧网查询（xingbar.com.cn）。

表二　不同金星星座的阳历出生日期

年	金星双子	金星巨蟹	金星狮子	金星处女	金星天秤
1950	无	7.24～8.16	8.17～8.23	无	无
1951	无	无	无	7.24～8.23	无
1952	无	无	7.23～8.9	8.10～8.23	无
1953	7.23～8.3	8.4～8.23	无	无	无
1954	无	无	无	7.24～8.8	8.9～8.23
1955	无	7.24～8.1	8.2～8.23	无	无
1956	7.23～8.4	8.5～8.23	无	无	无
1957	无	无	7.23～7.25	7.26～8.19	8.20～8.23
1958	无	7.24～8.15	8.16～8.23	无	无
1959	无	7.24～8.23	无	无	无
1960	无	无	7.23～8.9	8.10～8.22	无
1961	7.23～8.3	8.4～8.23	无	无	无
1962	无	无	无	7.24～8.8	8.9～8.23
1963	无	7.24～7.31	8.1～8.23	无	无
1964	7.23～8.5	8.6～8.22	无	无	无
1965	无	无	7.23～7.25	7.26～8.19	8.20～8.23
1966	无	7.24～8.15	8.16～8.23	无	无
1967	无	无	无	7.24～8.23	无
1968	无	无	7.23～8.8	8.9～8.22	无
1969	7.23～8.3	8.4～8.23	无	无	无
1970	无	无	无	7.24～8.8	8.9～8.23
1971	无	7.24～7.31	8.1～8.23	无	无
1972	7.23～8.5	8.6～8.22	无	无	无
1973	无	无	7.23～7.24	7.25～8.18	8.19～8.23

年	金星双子	金星巨蟹	金星狮子	金星处女	金星天秤
1974	无	7.24～8.14	8.15～8.23	无	无
1975	无	无	无	7.24～8.23	无
1976	无	无	7.23～8.8	8.9～8.22	无
1977	7.23～8.2	8.3～8.23	无	无	无
1978	无	无	无	7.24～8.7	8.8～8.23
1979	无	7.24～7.30	7.31～8.23	无	无
1980	7.23～8.6	8.7～8.22	无	无	无
1981	无	无	7.23～7.24	7.25～8.18	8.19～8.23
1982	无	7.24～8.14	8.15～8.23	无	无
1983	无	无	无	7.24～8.23	无
1984	无	7.23～7.31	8.1～8.7	8.8～8.22	无
1985	7.23～8.2	8.3～8.23	无	无	无
1986	无	无	无	7.23～8.7	8.8～8.23
1987	无	7.24～7.30	7.31～8.23	无	无
1988	7.23～8.6	8.7～8.22	无	无	无
1989	无	无	7.23	7.24～8.17	8.18～8.22
1990	无	7.23～8.13	8.14～8.23	无	无

※不确定自己是什么星座的，可以上星吧网查询（xingbar.com.cn）。

处女座

8.23~9.22

处女座的性格特征

求好心切，追求完美

她一向有"超完美娇妻"的封号。罗美薇（处女座）去超市购物时，会仔细核对各项质量信息，反复核对产地、成分、使用日期等数据，态度认真得像是质检员。

他想将房子按照德国民居来设计，一点一点地告诉装修队怎么画图。有的地方即使装好了，但只要刘欢（处女座）看着不满意也得拆了重来。

《Thriller》专辑是他献给母亲的作品，在后期制作中，因为不满意歌曲的混音效果，完美主义的迈克尔·杰克逊（Michael Jackson，处女座）冒着被东家起诉违约的风险，重新录制了一遍。

处女座是那种要么不做，要做就要做到最好的个性，追求完美，不喜欢出错，也不希望碰到会让自己后悔的事。事前想清楚，事中盯紧着，是处女座的行事风格，目的是希望一切能如预期的那样进行。

处女座做事谨慎，考虑的比较多，每个环节都会想得很清楚，不喜欢出错，也不喜欢有意外。虽然处女座本人也知道计划赶不上变化，但他相信做好万全的准备，总比临时发现问题来得好。

处女座在决定做一件事之前，不会只想个大概就动手，他会把事情从头到尾想过一遍，把可能的状况都考虑到，确定没有遗漏的，然后才着手进行。如果需要数据辅助，他会收集足够的信息来帮助判断。

处女座有吹毛求疵的个性，不只是对自己如此，对别人也一样，不过只有跟自己有关的人，他才会关切，跟自己无关的人、事、物，他尽管有意见，也不大会说什么。处女座是个注重细节的人，在他看来，小地方才容易出错，才是判断认不认真，实不实在的地方。

不马虎，切切实实

他为了穿上好看的衣服，严格遵守医生为他量身打造的饮食计划，在13个月内，健健康康地减肥42公斤。卡尔·拉格斐（Karl Lagerfeld，处女座）不只是时装界的"西泽大帝"，还成了时尚圈著名的减肥者，为此专门写了一本书介绍他的减肥法。

她不是舞蹈专科出身，曾经历笨手笨脚、舞步生硬的尴尬阶段。但在不打马虎眼的苦练之下，蔡依林（处女座）美妙地将体操彩带、鞍马吊环、钢管舞、街头爵士、芭蕾鞭转及超难度的折手舞融入自己的歌唱之中，奠定了其华人流行天后的地位。

求好心切的处女座，为了达成自己的目标，为了做好在意的事，除了有意志力，不会半途而废外，还会切切实实、丝毫不打马虎眼地做好该做的事。处女座是个实事求是、相信方法的人，一件事怎么做是对的、有效的，他会切实地执行，规规矩矩地照实去做。

处女座注重章法，一件事该怎么去做，他很在意是否有清楚的步骤及顺序，否则他会无所依循。处女座服膺好的规矩，好的条理，好的做事方式，一件事如果证明对他是不好的，他会摒弃；如果证明对他是好的，有用的，他会奉为规臬，也希望旁人一块照着做。

闲不下来

母亲着急她的婚姻，至少希望有个男人来疼女儿，可是范冰冰（处女座）的全部生活都是工作，几乎没有私人的时间，玩、旅行都没有，吃饭也很简单，连父母想见一面都得跑到活动现场。

要她休假很难，连躺在床上睡一天都不容易。蔡依林（处女座）没法跟许多女孩一样逛街压马路，喝个下午茶，因为有太多事要做，而许多事是她自己想要做的，不是别人逼的。

处女座有闲不下来的个性，如果手头没事可做，他的心里会觉得不踏实。即使坐下来看电视，处女座也常一边看着，一边做着事情，或是临时想到了什么，就起身去做。

处女座忙的事，不见得都是重要的，有很多是琐事，旁人有时觉得没必要，或是可以暂时搁着，但心里不喜欢挂着事情的处女座可不这么认为，想到就会去做，该做的就不会拖着。处女座喜欢有事等着他去做的感觉，不喜欢无所事事地白耗时间，要他放空不去想什么很难。处女座的心思常转着，是不是还有什么事没去做？还能做些什么？

处女座闲不下来的个性，女的处女座要比男的处女座来得明显些，这是因为处女座的妈妈（或其他女性长辈）就是这样的人，处女座的女的也因而遗传到较多这方面的性格。

处女座喜欢日子过得充实的感觉，每天的时间表如果排得满满的（小事琐事，或是跟人碰头聊个天也行），或是有不少事等着他去做，他会感觉过得很实在，没浪费时间。

细心敏感，好强自负

已经是个大导演了，但如果跟人相约迟到，仍会不好意思地连声抱歉，歉意尽显脸上。听到别的导演曾一个多月没出摄影棚，头发里能找出虱子来，胡玫（处女座）吓坏了，这完全不合她的习惯。多年来，她坚持每天都化淡妆，不想当一个手里端着大茶缸子，披件军大衣，趿拉着鞋，大嗓门训人的女导演。

处女座做事细心，对周遭人、事、物的一举一动，感应也很敏锐，这除了他注重细节，容易察觉一般人会忽略的小地方外，也因为他不喜欢出错，怕别人说他什么的个性使然。

处女座在人前的举止，通常是斯文客气的，即使已经是个一方人物了，对人的态度仍是谦逊的。处女座追求完美，除了自我要求高，督己甚严外，在他的心目中，也不会觉得别人好到哪里去，每个人（包括他自己）都有好多地方需要再加强，需要再学习，但以自己先求进步比较重要。

处女座人前谦逊客气，那是他自觉仍有许多地方待学习、改进，但不代表他觉得比别人差。处女座骨子里是很好强的，对自己仍不够好的地方虚心以对，但对自己已有长足进步、已很有心得的地方，是很自负的。他的客气有礼，不代表别人可以说他什么，因为在他的眼里，每个人都是不完美的。

态度认真，讨厌粗率

> 天下无难事，只怕有心人。——民间俗语

处女座责任感重，任何事只要是归他负责，到了他的头上，他就会想把事情做到最好，是否会受人赞扬是一回事，他自己一定是很认真的。处女座逢事必认真对待，很在意别人的批评，如果有疏漏，有粗心的地方被人识出，不待他人说什么，自己就会很懊恼。

处女座脸皮薄，自尊心强，很怕被人说不负责任、不认真这类的话。在他的心里有这样的认知：做不好可以改进，只要有心，因为没有人是完美的，就怕没有那个心，不思上进，那就没希望了。

处女座很看重认真的精神，不只是对自己，对旁人也如此。处女座不喜欢做事粗心大意、草草率率的人，不只是因为事情没做好，而是那份看待事情的心思。处女座看待事情、结交朋友，或是采购物品时，很在意里头有没有那份认真的精神。处女座知道完美不是天上掉下来的，所以要追求，而认真的态度是一定需要的。

处女座的人脉经营心法

切忌顾小失大

> 不要因为错过夕阳而哭泣，那样你将失去更美丽的夜空。
>
> ——泰戈尔

处女座注重细节，容不得瑕疵，很少出错，做事的质量一向不错。不过对质量的要求，如果也照搬在人际交往上，便容易因看不惯对方的一些事，全盘否认对方的其他优点。

在处女座可以掌控的范围内（例如分内的事），处女座可以处理得很好，但职场上不是关起房门独善其身就可以的，人际交流是职场现实的重要一环，人的因素经常左右事情的成与不成，顺利不顺利。处女座虽然在人前是客气有礼的，常给人好印象，但别人要给他好印象却不容易，因为他爱挑剔。

挑剔如果是为了把事情做好，倒也无可厚非，就怕是看不惯别人的一些习性及做事的方式。即使与自己无关，也不会影响到自己，处女座仍可能因那些小地方，扩及对整个人的评价，进而影响彼此间的关系。

处女座会因小瑕疵将整个事情从头来过，也会因某人的小毛病将对方在自己心目中降个级，打个叉，甚至是交情归零。这个容不下小毛病的洁癖，往往会成为处女座拓展职场人脉的障碍，而在这方面女的处女座又比男的处女座表现得更明显。

处女座要学习不因人废事，不要因为看不惯某人做的某件事，而全盘否认对方，说不定对方有其他的优点好处，只是自己还不知道。职场上顾的是大局，以事情为重，处女座应多发挥天性中务实的性格，将个人好恶搁在心里，反正是做事，又不是要生活在一起，对人多一些宽容及弹性，职场贵人才会越来越多。

是人才就是朋友

唯一能持久的竞争优势，是胜过竞争对手的学习能力。

——盖亚斯（Ariede Gens）

处女座上进心强，喜欢吸收新知，任何对自己有帮助的信息他都乐于接触。处女座尊重专业，在专业知识面前，他会虚心受教；在专业人士面前，他会变得谦逊客气，希望能多交流一些，多听一些有用的信息。

个性务实，学习能力强的处女座，骨子里对于有用的信息，天生就有股渴求的欲望，不论是大学问还是小经验，不论是跟工作有关，还是跟生活有关，只要有用，处女座就会很好奇，就会想接触。

处女座如果要拓展人脉关系，应循着这股天性，多接触老师级、师父级的专业人物，各行各业的都可以。善于整理归纳的处女座，很快就能从这些人身上，汲取对自己有用的经验，让自己过得更好。

处女座也许不擅长长袖善舞，也没太多心思放在社交上，但对有用知识的汲取却是很渴求的。处女座尊重专业，喜欢接触懂很多的人，自己也会随着年岁，渐渐对某些领域变得很懂。处女座天生跟专业人士有缘，即使不是同一个领域的，但渴求请教的真性情，很容易拉近跟对方的距离，而自己很懂的东西，也能为自己获取友谊。

严以待己就可以了

尺有所短，寸有所长；物有所不足，智有所不明。

——[战国]楚·屈原《卜居》

　　处女座自我要求高，一旦投入一件事，便只求做到最好，该有的约束规范会照实做，该花的心思只会多不会少。处女座求好心切的做事态度其实源自于他很在意别人是怎么看他的；赞美的话他固然喜欢，但一句稍带贬损的话，就能抵消他所有的好心情。处女座脸皮薄，禁不起有任何的缺失让人说笑，尤其是在做事方面，会尽可能地做到让人没话说，任何可能出差错的地方，任何可能被人说三道四的地方，他都会想得很仔细。

　　处女座细心，常会留意被人疏忽的小地方，如果这份能耐也常用在别人身上，而在提醒别人时又带着指正的口气，就容易被人视为爱找碴儿。处女座个性谨慎，注意细节是好事，但最好多用在自己身上，旁人的事，关切太多就会让人觉得爱找麻烦，被视为难搞的人物，这一点女的处女座尤需留意。

　　处女座的做事态度有过人之处，但不代表别人都该跟进学习，每个人有每个人的习性，在处女座看来不够好，该改善的地方，也许当事人能接受，不觉得有什么不好。宽容地看待别人的做事方式，是处女座拓展人脉，维持人际关系须先有的心理建设。

龟毛可以，但沟通很重要

　　如果你是对的，就要试着温和地、技巧地让对方同意你；如果你错了，就要迅速而热诚地承认。

——卡耐基

　　求好心切的处女座，做起事来规矩总比一般人多。那些规矩可能是他行之多年的习惯，不照着做心里不舒坦；可能是特定的顺序流程，依着做会比较好；可能是各式各样的谨慎心态，不来那么一下总是不放心。不论是什么样的规矩，都是为了求好，用意虽好，但旁人难免觉得啰唆、麻烦。

　　处女座求好怕出错的心态，若能搭配良好的沟通，先跟人建立共识，取得理解，比较能避免他人心里犯嘀咕。闷着头做事的处女座，容易被人视为固执，一意孤行，久而久之就会形单影只。多跟人商量，多听别人怎么说，这样既能谨慎行事，又能广结善缘，人事两全。

做个容易取悦的人

少批评，多赞美，是避免造口业的好方法。——圣严法师

要求高的处女座，对许多事总是处在还不够好，哪里若能怎样就会更好的心理状态中。这种心理素质，固然容易赢得别人对处女座做事的信赖，但也容易形成不易取悦的印象，进而影响别人亲近的意愿。

处女座人前客气谦逊，但骨子里有自负的一面。他会跟人夸赞第三人某个不错的事迹，但比较难当着某人的面说好听的话。处女座不善拍马，尤其是当着别人的面，说些逢迎的话时，他的心里会有障碍，觉得别扭。处女座跟人拉近距离、表达关切的方式，通常是提醒什么，叮咛什么，说事居多，很少直白地讲好听的话，而女的处女座在这方面要比男的处女座更明显些。

在要紧和专业的事情上面，处女座很难妥协，很难降低标准，这是他的天性，勉强不来。不过在无关紧要的事物上，处女座其实可以不那么讲究，能放手就放手，能当面夸几句就夸几句，能让人知道你很开心就直接让人知道。嘴巴甜一点，多花心思在好话上，做一个既能做事又好相处的处女座，肯定对自己的人脉经营很有帮助。

跟闲不下来的人有缘

"流行音乐之王"的称号，是早些年伊丽莎白·泰勒（Elizabeth Taylor）在某个颁奖典礼冠给他的，然后各方一直沿用。身为迈克尔·杰克逊（Michael Jackson，处女座）的至交好友，伊丽莎白的魅力长久不衰，长期活跃在慈善圈及各种社交场合中。

她所创立的公司，曾经是全球第二大的手机业者。在回顾成长的过程时，王雪红（处女座）曾说，若没有母亲拿出房子抵押，资助创业，就没有今天的宏达电子。王雪红的母亲，早些年每天替父亲（王永庆）招呼客户及员工的饮食，天天往返菜市场多次，天天做五顿饭，还亲自织毛衣给家人，认为这样才实在，好穿又便宜。王雪红的母亲51岁赴美定居，51岁

开始学英文，61岁学开车，常为十四个孙子亲自下厨、接送。

处女座为何跟闲不下来的人有缘？这事得从处女座的长辈说起。前面已提过，处女座小的时候，家里有位女性长辈（妈妈，或其他女性亲人），是个闲不下来的人，永远有忙不完的事，而那位女性长辈也爱找事做，可以不必做的事也爱拿来做。

闲不下来的人，日后也会出现在处女座的职场生涯里，可能是自己的顶头上司，同僚同业，或是社交圈里的朋友。处女座若想碰贵人，不妨多注意、接触身边闲不下来，爱找事做，喜欢每天都过得充实、有事情忙的人。

也跟爱叨念的人有缘

赵本山一直很希望跟她在央视春晚合作小品，但她总是支支吾吾地婉言拒绝。经过赵本山多次的沟通，苦口婆心地关切叨念，宋丹丹（处女座）终于答应。两人自1999年起，接连合作了几次脍炙人口的作品，建立了惺惺相惜的友情。

处女座为什么也跟爱叨念的人有缘？原因跟前述亲人的效应一样，也就是家里有位长辈爱念叨（通常也是妈妈，或其他女性长辈），很多事都会引起她的关切，念的也多是些小事。受此效应的影响，处女座一生的贵人中，少不了这样的人。

处女座本身也爱叨念，尤其是女的处女座。不过要提醒的是，爱叨念的人，不是逢人就会念几句，而是与自己有关的事，或是自己在乎的人，这位"贵人"才会念，至于与自己无关的人、事物，这位"贵人"不大会念，人前其实是客客气气蛮懂得分寸的，情形跟处女座的那位长辈类似。

8种不一样的处女座

每年8月23日到9月22日出生的人都是处女座，但不是每个处女座都是一样的个性，人脉经营的诀窍也因而有些不一样。这是因为在这段时间，只是天上的太阳在处女座，但影响一个人表达方式比较大的水星，不一定在处女座，而影响一个人喜怒好恶比较大的金星，这段时间也不一定在处女座。

处女座的人，出生时的水星星座一定是狮子座、处女座、天秤座这3种之一，不会是别的。就像是玩拼图一样，不把处女座的水星星座也纳进来，组合不了这个人完整的个性。

处女座＋水星狮子座

我相信我的作品，就像我说过的一样，我对我的梦想有很强的信心。当我有一个主意的时候，我的意念坚定的就像钢铁一样。

——迈克尔·杰克逊（Michael Jackson）

因为水星狮子的关系，这个处女座性子比较急，做事不喜欢拖，能早点做完就早点做完。他讲话比较直接，比较坦率，如果触及自己熟悉的事务，会侃侃而谈，言之有物。

这个处女座如果是个女的，天生闲不下来的特点会被强化，经常像个陀螺似的转东转西，时间表排得越多，她越有精神。生活琐事是她忙碌的主要原因之一，成家生子后容易蜡烛两头烧，社交圈会因此限缩在固定的几个圈子，人际关系的维持到时要比拓展更重要。

这个处女座如果是个男的，不大喜欢碰琐碎的事物，时间跟心思多集中在几样他感兴趣的事物上，是个专业导向型的人物，人脉经营的重点，也最好多跟专业型的人物打交道，建立志同道合的人际网络。

不论这个处女座是男的还是女的，都比较固执、有主见，寻常小事不大会计较，但在关键要点上会变得很坚持。

迈克尔·杰克逊（Michael Jackson）、导演胡玫、袁咏仪、田亮、罗美薇、网络作家九把刀、韩星沈银荷、瑞士冒险家Yves Rossy、好莱坞影星查理·辛（Charlie Sheen）等人，都是水星狮子的处女座。

处女座＋水星处女座

自负是我生命中最有益健康的东西。

——卡尔·拉格菲（Karl Lagerfeld）

因为水星处女的关系，这个处女座做事之前更是会先想一下，把该注意的、不是很放心的地方想清楚了再动手。他做事喜欢有条有理、有章法依循。当面对一堆待办事物时，他会依时间性、重要性理清顺序，然后一一处理。他对周遭环境里的某些物品，或是个人使用的某些物品，有一定的摆放习惯，乱了他就会不舒服。

这个处女座喜欢日子过得充实的感觉，不见得一定要忙事情，看点书，学些东西，或是在外头有活动，都会让他有充分利用时间的踏实感，脑子里因此常盘算接下来要干的事。他不怕事多，如果没什么事让他忙，他会觉得在浪费时间，有不踏实感。

这个处女座对未来很有想法，会规划，成不成是一回事，至少有想法，有个方向感，不会过一天算一天。这个处女座的人脉经营战略，应多方接触，多方涉猎，多方学习，格局视野大了，结交的贵人也会增多。

时尚老佛爷卡尔·拉格菲（Karl Lagerfeld）、宋丹丹、谢霆锋、苏有朋、张智霖、杨二车娜姆、陈慧琳、苏岩、江蕙、黄奕、杨幂、高以翔、萧煌奇、高金素梅、汪明荃、Fir乐队女主唱faye（詹雯婷）、国民党荣誉主席连战、台湾女首富王雪红、好莱坞影星基努·里维斯（Keanu Reeves）等人，都是水星处女的处女座。

处女座＋水星天秤座

> 只有在退潮的时候，才能看清楚究竟是谁在裸泳。
> ——沃伦·巴菲特（Warren Buffett）

因为水星天秤的关系，这个处女座有两种类型。一种是比较能跟人攀谈起来，比较爱聊，比较好亲近，另一种是要看情形，看对象，看场合，不是随时都能聊，给人有点距离感。前者的工作属性，除了专业，最好也能跟人常接触，发挥善于应对的天赋；后者的人际圈比较固定，职场更为倚重专业路线，靠技能，靠别人的肯定建立人脉网络，而这类型的处女座，平日互动的对象也很固定，彼此间关系的维持就变得很重要。

不论是哪种类型，这个处女座擅长引导话题，是朋友的好参谋，而他遇事时也习惯找朋友咨询。人际交流可以多着重在一对一的沟通，既可深化彼此的关系，遇事时也比较能将事情朝着自己属意的方向进行。

股神沃伦·巴菲特（Warren Buffett）、姚明、韩寒、范冰冰、花样滑冰奥运金牌赵宏博、蒋勤勤、张爱玲、杜宪、王心凌、蔡依林、许茹芸、何润东、蒋友柏、苏打绿主唱吴青峰、阿牛陈庆祥、新加坡前总理李光耀、恐怖大师史蒂芬·金（Stephen King）等人，都是水星天秤的处女座。

处女座的人，他的金星星座一定是巨蟹座、狮子座、处女座、天秤座、天蝎座这5种之一，不会是别的。金星星座影响一个人的喜怒好恶，如果不把处女座的金星星座也考虑进来，难以知道他跟人相处的全貌。

处女座＋金星巨蟹座

> 做的事情，你可以有遗憾，但不可以有后悔。——谢霆锋

因为金星巨蟹的关系，这个处女座有两种类型。一种比较宅，没事不

出门，只想过自己的好日子，要约他不容易，他会看对方是谁，要干什么，不是认识的来约都会出门；这种类型的人，家人亲戚，或是老朋友、老同学等几个老关系他比较看重，也容易出现他的职场贵人，彼此应该常接触，而他工作时的互动对象也比较固定，就那几个人，彼此关系的维持也因而要多下工夫。

另一种类型是外务比较多的处女座，家里若没事就会想出门，朋友也很好约他，只要有个正当理由，他就会出门。他平日的外务多，聚会多，接触的人多，场面话、客套话说得比较多，花在社交活动的时间比较多，因此职场遇贵人的机遇也比较多些。

不论是哪一种类型的，这个处女座在不太熟的人面前，刚开始会显得矜持，跟熟人在一起才会比较自在活泼。这个处女座从小是由女性长辈带大的（妈妈或其他女性），女人管得多，照顾的也多，爸爸顾得少。如果这个处女座是个女的，她成家生子后，小孩也多由女人带大（她本人或其他女性），她可能家庭工作两边都得兼顾，工作形态得比老公有弹性。如果这个处女座是个男的，他通常就是前述外务比较多的那一型，出门的原因多跟工作有关，人面比较广，职场的贵人比较多，不过他对家人、老朋友也很关心，为人义气，能帮的忙会尽心尽力。

谢霆锋、宋丹丹、韩星沈银河、好莱坞影星基努·里维斯（Keanu Reeves）、美国纽约众议院议员Anthony Weiner等人，都是金星巨蟹的处女座。

处女座＋金星狮子座

> 我们不能让比赛的起伏太大，教练本来就没几根头发了。——姚明

因为金星是狮子座，这个处女座心性上要比其他处女座好强自负，更爱面子，再怎么样都不会低头服输。这个处女座的脾气比较大，对于看不惯的事情，大多不会忍着，而女的处女座又比男的处女座容易生气，不过只是小情绪比较多，不像处女男，平常还好，一发脾气就会很凶（不一定是对人）。无论如何，这个处女座人前多会呈现较热情风趣的一面，社交

场合很具个人魅力。

这个处女座会因男女性别呈现不同的性格。如果是处女女，她爱漂亮，爱打扮，也爱买东西，心情好时出手大方，会请客，会送人礼物，对自己人（家人及老朋友）很肯花钱。如果是处女男，平常的穿着就那样，没什么变化，也不大买什么，但一出手就是个大手笔。处女女比较懂得生活情趣，兴趣比较广泛，经常变换生活步调，处女男则是对固定的几件事感兴趣，长年不变，不像处女女，经常会有新的兴趣，也比较注意流行。

这个处女座虽有个人魅力，但情绪上脸，板着脸时让人不太敢靠近，人前或是社交场合最好多笑，比较容易给人好印象。

姚明、苏岩、蒋勤勤、导演胡玫、王心凌、蔡依林、张钧宁、罗美薇、苏打绿主唱吴青峰、何润东、江蕙、安心亚、陈慧琳、安室奈美惠、迈克尔·杰克逊（Michael Jackson）等人，都是金星狮子的处女座。

处女座＋金星处女座

神一直告诉我，懒惰的人会很苦，你如果再睡的话，你的粮仓就要被别人抢光了。——王雪红

因为金星也是处女座，这个处女座有两种类型。一种是比较好说话，比较好商量，人际关系的情商比较高，虽然也有固执的个性，但和其他处女座相比，意见没那么多，认识的人都说好相处。另一种则是情绪多，意见多，规矩多，私下有不好搞的脾气，好不好相处要看人，看场合，看心情。

前者人面比较广，各式各样的人都认识一些，也都能聊上话，后者的人际圈较固定，平日互动的通常是固定的几个人。

前一类型的处女座，人脉经营的战略应该是选择人际互动频繁的工作，多出门，多跟人接触，好相处的性格应多让人知道。后一类型的处女座，虽然人前仍是应对得宜，但那是在社交场合，本人实际上比较缺乏跟人互动的耐性，比较乐于不受打扰地做自己的事，平日宜埋首在分内的工

作上，人际交流视需要而为，过于频繁不符合这类型处女座的个性。

不论是哪一型的处女座，这个处女座对工作都很认真投入，耐劳耐操，忙起来时经常从早到晚。如果是个女的，她的个性独立，不管是在工作上，还是生活方面，都可以一手张罗所有的事，此种性格受妈妈（或其他女性长辈）的影响比较多，随着年岁增长会越来越能干。

中国台湾女首富王雪红、韩寒、张智霖、袁咏仪、刘欢、阿牛陈庆祥、黄奕、许茹芸、米雪、田亮、蒋勤勤、国民党荣誉主席连战、胡婷婷、新加坡前总理李光耀等人，都是金星处女的处女座。

其中黄奕、张智霖、刘欢、连战、胡婷婷、王雪红等人的水星也是处女座，因此他们都是纯处女座的人。前述提到有关处女座的性格特征及人脉经营心法，对纯处女座的人而言会更强烈些。

处女座＋金星天秤座

对我来说，最佳的效果是读者在阅读我的小说时，因心脏病发作而死去。——史蒂芬·金（Stephen King）

因为金星是天秤座，这个处女座的个性比较直率，喜欢发表看法，不过通常在认识的人面前，话才比较多，不熟的人面前会拘谨些，得稍微熟点才会放得开。如果是个女的，她喜欢跟朋友分享生活中的点点滴滴，爱八卦，话匣子一开经常聊个不停。如果是个男的，他也爱跟熟识的人聚聚，天南地北各式各样的话题都能聊，懂的东西不少。

这个处女座的异性缘多半不错，不一定涉及男女关系，只要是异性，如异性的亲戚、同学、朋友、客户、同业、同僚、领导、下属等，很容易在这些人之中，碰到与自己投缘，共事有默契的。这样的异性，也应该视为贵人，迟早对自己的事业发展有帮助。

恐怖大师史蒂芬·金（Stephen King）、苏有朋、高以翔、蒋友柏、余光中、张爱玲、网络作家九把刀、盲人歌手萧煌奇、FIR主唱飞儿、汪明荃、翁虹、潘仪君、明基友达集团董事长李焜耀、股神沃伦·巴菲特

（Warren Buffett）、好莱坞影星查理·辛（Charlie Sheen）、时尚大师卡尔·拉格菲尔德（Karl Lagerfeld）、韩国艺人金惠秀等人，都是金星天秤的处女座。

处女座＋金星天蝎座

感觉演员有时很像鸟，看起来很自由，其实是毫无着落。看起来很大的舞台，到头也只能在笼子里，翻出多少花样，也掘不过那几根铁丝。

——杨幂

因为金星是天蝎座，强化了这个处女座执著、坚持的个性，只要他决定做的事，便会全心全意地投入，很专注，很认真。

这个处女座有两种类型。一种是掌控欲比较强，脾气比较大，说话也比较直，对于在意的事会一直盯着，以免没按着自己的意思进行。另一种则个性比较温和，不大会对人说不，对人的配合度比较高。

前者的个性比较强，比较坚毅，工作属性适合对外，可以成为独当一面的台面人物。后者的个性较低调，乐于不受打扰的做好自己的事，适合隐身幕后。不论是哪一类型，这个处女座对自己人（朋友及家人）很够意思，能帮的忙会尽量帮，是朋友眼中的贵人，而他自己的贵人也经常是旧识，因此人脉经营应多着眼于已经认识，聊得来的人，或是旧识牵的线，因为机遇就在里面。

杨幂、杜宪、范冰冰、高金素梅、喻可欣、花样滑冰奥运金牌赵宏博、杨青倩等人，都是金星天蝎的处女座。

处女座的人，出生时水星是什么星座，金星是什么星座，以下附了两张表，供出生在1950年到1990年的处女座查询。

表一　不同水星星座的阳历出生日期

年	水星狮子	水星处女	水星天秤
1950	无	8.24～8.27 9.11～9.23	8.28～9.10
1951	无	8.24～9.23	无

年	水星狮子	水星处女	水星天秤
1952	8.24~9.7	9.8~9.22	无
1953	8.24~8.30	8.31~9.15	9.16~9.23
1954	无	8.24~9.8	9.9~9.23
1955	无	8.24~9.1	9.2~9.23
1956	无	8.24~8.26	8.27~9.22
1957	无	8.24~9.23	无
1958	8.24~9.10	9.11~9.23	无
1959	8.24~9.4	9.5~9.20	9.21~9.23
1960	8.23~8.26	8.27~9.12	9.13~9.22
1961	无	8.24~9.4	9.5~9.23
1962	无	8.24~8.29	8.30~9.23
1963	无	8.24~8.26 9.17~9.23	8.27~9.16
1964	无	8.23~9.22	无
1965	8.24~9.8	9.9~9.23	无
1966	8.24~9.1	9.2~9.17	9.18~9.23
1967	8.24	8.25~9.9	9.10~9.23
1968	无	8.23~9.1	9.2~9.22
1969	无	8.24~8.27	8.28~9.23
1970	无	8.24~9.23	无
1971	无	8.24~8.29 9.12~9.23	8.30~9.11
1972	8.23~9.5	9.6~9.21	9.22
1973	8.24~8.28	8.29~9.13	9.14~9.23
1974	无	8.24~9.6	9.7~9.23
1975	无	8.24~8.30	8.31~9.23
1976	无	8.23~8.25 9.22	8.26~9.21
1977	无	8.24~9.22	无
1978	8.24~9.9	9.10~9.23	无
1979	8.24~9.2	9.3~9.18	9.19~9.23
1980	8.23~8.24	8.25~9.9	9.10~9.22
1981	无	8.24~9.2	9.3~9.22
1982	无	8.24~8.27	8.28~9.23
1983	无	8.24~8.29 9.6~9.23	8.30~9.5
1984	无	8.23~9.22	无

年	水星狮子	水星处女	水星天秤
1985	8.24～9.6	9.7～9.22	无
1986	8.24～8.29	8.30～9.14	9.15～9.23
1987	无	8.24～9.7	9.8～9.23
1988	无	8.23～8.30	8.31～9.22
1989	无	8.23～8.26	8.27～9.22
1990	无	8.24～9.23	无

※不确定自己是什么星座的，可以上星吧网查询（xingbar.com.cn）。

表二　不同金星星座的阳历出生日期

年	金星巨蟹	金星狮子	金星处女	金星天秤	金星天蝎
1950	无	8.24～9.9	9.10～9.23	无	无
1951	无	无	8.24～9.23	无	无
1952	无	无	8.24～9.3	9.4～9.22	无
1953	8.24～8.29	8.30～9.23	无	无	无
1954	无	无	无	8.24～9.6	9.7～9.23
1955	无	8.24～8.25	8.26～9.18	9.19～9.23	无
1956	8.24～9.8	9.9～9.22	无	无	无
1957	无	无	无	8.24～9.14	9.15～9.23
1958	无	8.24～9.9	9.10～9.23	无	无
1959	无	9.20～9.23	8.24～9.19	无	无
1960	无	无	8.23～9.2	9.3～9.22	无
1961	8.24～8.29	8.30～9.23	无	无	无
1962	无	无	无	8.24～9.6	9.7～9.23
1963	无	8.24～8.25	8.26～9.18	9.19～9.23	无
1964	8.23～9.8	9.9～9.22	无	无	无
1965	无	无	无	8.24～9.13	9.14～9.23
1966	无	8.24～9.8	9.9～9.23	无	无
1967	无	无	8.24～9.9	9.10～9.23	无
1968	无	无	8.23～9.2	9.3～9.22	无
1969	8.24～8.28	8.29～9.22	9.23	无	无
1970	无	无	无	8.24～9.6	9.7～9.23
1971	无	8.24	8.25～9.17	9.18～9.23	无
1972	8.23～9.7	9.8～9.22	无	无	无
1973	无	无	无	8.24～9.13	9.14～9.23

年	金星巨蟹	金星狮子	金星处女	金星天秤	金星天蝎
1974	无	8.24～9.8	9.9～9.23	无	无
1975	无	9.3～9.23	8.24～9.2	无	无
1976	无	无	8.23～9.1	9.2～9.22	无
1977	8.24～8.28	8.29～9.22	无	无	无
1978	无	无	无	8.24～9.7	9.8～9.23
1979	无	无	8.24～9.17	9.18～9.23	无
1980	8.23～9.7	9.8～9.22	无	无	无
1981	无	无	无	8.24～9.12	9.13～9.22
1982	无	8.24～9.7	9.8～9.23	无	无
1983	无	8.28～9.23	8.24～8.27	无	无
1984	无	无	8.23～9.1	9.2～9.22	无
1985	8.24～8.27	8.28～9.21	9.22	无	无
1986	无	无	无	8.24～9.7	9.8～9.23
1987	无	无	8.24～9.16	9.17～9.23	无
1988	8.23～9.7	9.8～9.22	无	无	无
1989	无	无	无	8.23～9.12	9.13～9.22
1990	无	8.24～9.7	9.8～9.23	无	无

※不确定自己是什么星座的，可以上星吧网查询（xingbar.com.cn）。

天秤座

9.23～10.23

天秤座的性格特征

喜欢给人好印象

她在演艺圈里好友无数，许多人与她结拜，彼此比亲人还亲。梅艳芳（天秤座）初出道时以"坏女孩"形象示人，曾盛传她臂上有刺青，引起当时还算保守的社会议论纷纷。不过成名后她为公益慈善尽心尽力，每个人都看在眼里，逐渐树立歌坛大姐大的地位。

她5岁开始学舞，19岁时因演出《玉观音》中安心角色一炮而红。在大众心目中甜美可人的孙俪（天秤座），一直给人清纯、善良、真诚的印象，广告代言不断，而她在受访节目中，也一向是耐心温雅的配合，没有明星架子。

天秤座喜欢给人留下好印象，希望每次的人际交流都是愉悦的，因此凡是跟好风评有关的仪态，他都乐意展现，例如亲切、随和、从容、优雅、穿着得体、应对进退有分寸等，而这也是天秤座在社交圈中，常留给人的印象。

天秤座不只在举止上想要给人留下好印象，言谈间也常营造轻松友善的气氛，让人乐于跟他讲话互动，尤其是在私下的聚会场合。天秤座大都能言善道，什么场合讲什么话，分寸常拿捏得不错。他不会一个劲儿地讲自己的，他也会聆听，会回应。天秤座善于引导别人多说几句，通过一来一往的交流，跟人拉近距离。

天秤座在人前的举止一向是优雅得体的，不会流里流气，也很少跟人脸红脖子粗，吹胡子瞪眼的。天秤座很在意人际关系，喜欢有人欣赏他、喜欢他的感觉，如果听闻别人讨厌他，对他的印象差，他会很介意，想搞清楚为什么。

天秤座很在意别人怎么说、怎么看他，任何负面的评价他都会尽量避免，即使表面上看似无所谓，但仍会很好奇别人的心里是怎么想他的。天秤座注重自己给人的观感，凡事跟自己或是跟家人有关，比较负面的事，都不大会跟人讲，就算是碰触到了，多会轻描淡写地带过。天秤座经常借由跟人交换情报，探知想知道的事，获知其他有用的信息，如果不给人好印象，不让人喜欢跟自己聊天，如何知道更多的事？

适应力强

他白手起家，曾说自己的公司是"四流人才、三流管理、二流设备、一流客户"。为了掌握好的客户，郭台铭（天秤座）曾自己开车，住很便宜的汽车旅馆，跑遍美国各地，跟世界大厂周旋做生意，连高速公路旁的餐厅菜单都会背。

天秤座的适应能力强，可以很快融入新的环境中，很快交到新朋友，而这人际间的融入能力，跟骨子里具有的随遇而安的个性很有关系。

天秤座有随遇而安的个性，对于没发生的事，不会瞎操心的自己吓自己，等来了再说也不迟。天秤座有坚持的个性，但会用一种比较平和的方式表达，不会在还没碰到问题时就先摆出难搞的架势。"兵来将挡，水来土掩"，是天秤座碰到问题时的心态，不会先预设立场地杞人忧天。

天秤座能以理性的态度，面对所碰到的问题；可以调整心态，换个角度看待事物；喜欢顺其自然地处理事情，不喜欢勉强，也不爱强人所难。因为重视人际关系，不会只想到自己，天秤座经常很有弹性地配合他人，或配合众人已习惯的游戏规则，哪怕非己所好也能先忍着。

凡事求合理

她的身材丰腴，好事者常拿她的体重做文章，曾有国际著名杂志刊登她的照片，做了些修剪，目的是想让她看起来苗条一些。结果凯特·温斯莱特（Kate Winslet，天秤座）发函要求杂志更正，并要求道歉，因她不想被人认为很虚假，而她也一向鼓励女人要自信地接受自己的外貌。

天秤座一向给人好沟通，好商量的印象，但好说话不代表没脾气，如果事情过分了，天秤座一样会拉下脸来。

什么样的事会让天秤座动气？害他被指指点点的事，不存在却硬栽在他头上的事，以及让他难以对其他人交代的事，这些都会惹火天秤座，也就是凡是让他难做人的事，都会让他不悦。

天秤座固然喜欢与人为善，不爱跟人争执，但是如果面对让他不好做人的事时，就像是拆了他的台似的，他非抗不可。天秤座讲求公平合理，他不会主动对人怎么样，也不希望别人对他怎么样，除非是合理的，否则就是过分了，感觉被人欺负到头上来了；对于过分的事，即使很有雅量的天秤座，也会拉下脸来。

天秤座看不惯过分的事，即使只跟别人有关，但只要让他觉得过分时，他也会看不过去，有时会出面仗义。天秤座虽然对朋友较宽容，做事比较有弹性，但对过分的事，太出格的事，就会显现固执的一面，是个外柔内刚型的人物。

不会厚此薄彼

他有"船王"的美誉，世界各地到处可见漆有"Evergreen"（长荣海运）的绿色集装箱。早年开创事业时，张荣发（天秤座）就明令禁止员工到家里拜年送礼，理由是如果走后门能行得通，如何对那些辛勤努力工作的同仁交代。

天秤座人前尽量做到让人没话说，希望面面俱到，顾到跟每个人的关系。偏心的举措他是做不出来的，因为会予人话柄，不小心得罪人。如果真要拉近跟特定人的关系，天秤座倾向用一种顺其自然的，不张扬的方式进行，免得有心人想太多，徒生困扰。

天秤座不论是忙碌的时候，还是闲暇时刻，经常会趁空穿插着各式的人际交流，其中不乏是为了维持旧有关系，以免彼此变得疏离。天秤座的一生，会花不少心思、时间，周旋在各式各样的人际关系中，有工作上的，有朋友间的，也有亲人间的，越是紧密的，越是有利害关系的，天秤座越是花心思。

审时度势，谋定后动

1954年，做奶昔经销的雷蒙德·克罗克（Rae Kroc），好奇去了趟圣伯丁诺市，拜访开汽车餐馆的麦当劳兄弟，结果发现巨大的商机。可是麦当劳兄弟并不想多开几家，于是克罗克（天秤座）思考了一天后，坐下来跟两兄弟谈经销协议，并在日后设计出影响深远的管理制度。经过数年扩充发展，克罗克着手处理横亘心中的一块大石，1961年以天价跟麦当劳兄弟买下商标权，将事业体尽纳掌控之中，然后开始放手建立起称霸世界的快餐帝国。

天秤座容易被人说成优柔寡断，其实正确的解读是，凡是关系到别人，或是跟别人有关的事，天秤座都需要时间琢磨一下看要怎么做比较好。当天秤座变得犹豫不决时，往往代表着他正在衡量他人可能的反应。在不确定他人的反应时，天秤座习惯先观察情势，再做决定，希望在不影响大局的情况下，把事情做好。

别人的态度是什么，别人是怎么想的，这思维经常主导着天秤座的人际互动。不论是做决定时相关人可能的反应，还是跟人酬酢时与会人的情绪，这些都在天秤座的注意之中。天秤座在处理事情时，很在意别人的反应（尤其是对事情有影响力的人），目的是希望事情能顺遂，不会因为人的因素而横生枝节。

天秤座对人际关系很敏感，谁对他好，谁对他重要，谁会坏事，谁跟谁可能有矛盾，这些事他心里自然会拿捏出分寸，也有不同的应对之道，就算一时不清楚状况，他也会默默地观察，直到搞清楚了为止。

生活随兴

她已红得发紫，但多次笑言自己其实没啥野心，工作虽然重要，但生活更重要。闲散的待在家里，看着动画片，啃着鸭脖子，是姚晨（天秤座）很大的生活享受。

她热爱生活，热爱动物，长期吃素，有"美容大王"之称。大S（天秤座）在娱乐圈中爱美是出了名的，是时尚圈的潮人代表，是多家品牌的代言人。

他兴趣广泛，擅长多种运动项目，是个多才多艺型的艺人，也是个生活玩家。林志颖（天秤座）的住家，像座科技中心，全是机械化的东西，即使身处外地，也可以用手机远程控制家中上百样设备。

天秤座蛮懂得生活，这不是指锦衣玉食方面的生活享受，而是指懂得利用不忙没事的时候，让自己过得闲散一点，对自己好一点，其中当然少不了吃些爱吃的，以及休闲雅兴相伴。

天秤座对事情是很认真的（不论是公事还是私事），忙起来时可以废寝忘食，但是对于生活上的琐事，就显得被动，甚至是有点懒。只要生活上的琐事是不急的，还有时间并且没影响到别人，天秤座经常是拖到想做时才去做，而如果家中有人代劳，天秤座会乐意让这人去做，自己能不操心就不去操心。天秤座宁可将精力专注在正事上，而不大愿意花心思在生活中不太重要，别人看不到的事情上。在天秤座的心里，平常怎么忙都行，但回到家就是要休息的，要忙也是忙让自己开心快乐的事。

天秤座的居家生活是悠闲、随性的，不会硬要怎么过，会随心情而定，想做什么做什么，或者什么都不做，就懒懒的，反正没外人，犯不着在自己的屋里搞得那么累。人前一派优雅的天秤座，私底下的穿着会略显邋遢，很随性，不太讲究，只求舒适就好。

天秤座的人脉经营心法

一身功夫要有用武之地

选对环境，快乐一生；选对行业，成就一生。——谚语

天秤座人前优雅，谈吐不俗，再加上喜欢与人为善，要广结善缘不是难事，但如果进错环境，选错工作，空有天赋也不容易有所成就。什么样的环境与天秤座格格不入，而什么样的工作，天秤座应该避免呢？

嘈杂的环境不适合天秤座。脏乱就更别提了，没人会喜欢，但嘈杂的环境，有的人可以忍受，习惯就好，但对天秤座却是有违天性，甚至是片刻都不行。一向斯文有礼的天秤座，不喜欢跟人大声嚷嚷，就算是起争执，举止也是比较文明的，不大会跟人脸红脖子粗。如果一种环境，常需要跟人扯嗓门，或是在嘈杂的气氛下工作，便无法突显天秤座的优点；当天秤座变得俗气时，也就失去吸引人的魅力了。

容易得罪人的工作，不适合天秤座。没有人喜欢扮黑脸，不过对于爱跟人交流交好的天秤座，常找人麻烦的工作，别人看到他就头痛的工作，实在有违他的天性，也不易发挥天秤座与人为善的天赋。什么样的工作容易得罪人？像是开罚单的，查税的，稽核的，施以惩处的，只要是属于找人麻烦，他只要出现就不会有好事，就会有人不高兴的工作，都不太适合天秤座。如果是属于要主动挑出别人不对之处的工作，就更不合适，他会越做越不开心，但如果是被动的，以第三者立场处理不对、不合理事物的工作，如仲裁、裁决、协调、顾问、咨询等性质的，对一向讲究公平合理、客观理性的天秤座，反倒能胜任。

天秤座机灵精明，善于察言观色，喜欢跟人交流，不适合从事日复一复、没有变化、缺少人际互动的工作。天秤座适合从事业务性质，人际互动频繁或跟客户服务有关的工作。至于是选择主动接触人，常抛头露脸型的，还是属于后勤方面的，要看天秤座外向的程度，以及接受社交应酬的程度。天秤座注重人际关系，反应比较灵活，就算做不到长袖善舞，让人有好印象不会是难事，这份天性应该多发挥在人际互动较多的工作上。

黑脸免不了，手腕比较重要

> 不会烧香得罪神，不会讲话得罪人。——谚语

会得罪人的事，会影响交情的事，天秤座总是不大愿意做，容易拖着，等着事情淡去，或是希望有人出头，帮他扮黑脸，免于直接面对紧张关系。其实天秤座可以这么想，人的一生都是在做选择，做决定，职场的位阶越高越是如此。皆大欢喜的结局固然好，但无法两全其美时，两利相权取其重也是种智慧。

会不会得罪人，不应该是最重要的考虑，哪种决定是对大局有利的，才是天秤座应有的思考角度。如果真会惹人不悦，那么做决定的时机，以及呈现的方式仍有回旋的空间减轻难堪，淡化当事人的情绪。人际手腕比较细腻的天秤座，可以多着墨在手腕上，而不要迷思在会不会得罪人这个点上。

天秤座举止优雅，谈吐斯文，生起气来很少跟人吹胡子瞪眼的，因为大声嚷嚷不是他的风格。讲理，是天秤座的优点之一，虽然他也有严厉刚强的一面，但可以好好讲的人格特质，让他的黑脸其实没那么黑。

身段可以柔软，但脊梁更要直

> 为人骨宜刚，气宜柔。——明代嘉言

天秤座重视人际关系，喜欢与人为善，这心态有时也会为天秤座带来

些困扰。例如，隐忍压抑自己的好恶，以能配合就配合的态度跟人互动，但最后证明并不值得；想做什么事时，常因为顾及关系人的倾向而瞻前顾后，最后证明那些顾虑是多余的。

顾及他人立场，揣摩他人态度，这些天秤座的习性固然能减少人际摩擦的风险，但也容易让天秤座陷入迁就、妥协，不求最佳只求获取共识的平庸中。当天秤座在职场中的位阶越来越高时，或是人脉越来越广时，乾坤独断的魄力有时是需要的。

天秤座要有个认知，任何事都不太可能讨好所有的人，天秤座精明擅观风向的天赋，应该发挥在关键人物的身上，其中包括会扯后腿的关键人物，而不是所有的人都要顾虑到。天秤座是个外柔内刚型的人物，外在的友善有助于人际互动，内在的坚持其实是天秤座洞浊人性的智慧积累，两者对天秤座的人脉经营各有帮助，天秤座只要调和得当，做个不卑不亢的人，周遭的贵人就会越来越多。

虽能拨千斤，小心闪到腰

你以为我喜欢应酬啊，为了事业，没办法呀！

——令女人讨厌的男人借口

·天秤座反应机敏，能言善道，能轻松诙谐地与人畅谈，也能适时地化解尴尬场面，让人际互动一直保持在和谐的气氛中。不过人与人之间的交流，是多面向的，有愉悦的时候，也有摩擦紧张的时候，深交的好友间，哪对没经历过争执冷战的磨合过程？

冲突也是让人彼此深刻认识对方的机会。骨子里喜欢求和谐的天秤座，虽有避免冲突的人际手腕，但一味地表面应对，有时会错失跟人深度交流的机会。

天秤座有能耐四两拨千斤的淡化自己的过失，有办法避重就轻地为自己找到台阶下，这种乾坤挪移的嘴上功夫如果大小事都使上，久而久之，会失去人际交往更看重的"坦诚"。爱面子，重形象的天秤座，面对显而易见的过失时，有时可以坦率地承认，不需要发挥找托词，找台阶的本事。有时小瑕疵会让人更有亲切感。

借力使力，敌人也很重要

在成长的过程中，挑选竞争对手相当重要。——郭台铭

天秤座重视人际关系，喜欢跟人交流。交流的东西中，除了家长里短外，也有经验的交流，情报的交流。借力使力的道理，每个人都懂，但天秤座使得特别得心应手，除了跟自己的生活习性有点懒有关（常让人代劳跟收拾整理有关的活儿），也跟自己的个性中喜欢有伙伴，凡事喜欢有人一块做有关。

天秤座不喜欢单打独斗，不论是日常三餐，吃喝玩乐，还是搞个什么事，总喜欢几个人一块，热闹些，比较有趣些，过程中大家还可以交流交流，说不定有什么新鲜事不经意间迸发出来。

职场的奋斗过程中，志同道合的朋友固然不可少，竞争对手也很重要。通过竞争对手，可以缩短天秤座搜集情报的时间，可以避免天秤座忽略的地方，可以提醒天秤座还有哪个人际圈自己没去碰，可以靠拢对手得罪过的人，甚至有些事还可以让对手打头阵，自己事后捡便宜。竞争对手可以是自己想效仿的对象，不一定是你讨厌的人，或是讨厌你的人；竞争对手可以是你的朋友，你的同事，彼此已经把酒言欢过了，不一定是外部不认识的人。

选择一个值得的对象，不论自己喜欢不喜欢，聪颖的天秤座就是有办法从中汲取些心得，转化为对己有利的管道，让自己的人脉布局，也可以通过敌人巧妙地扩散出去。

跟不大给人压力的人有缘

因接演电视剧《痞子英雄》迅速蹿红的赵又廷（天秤座），合作的导演蔡岳勋，是个不会骂演员的导演，脾气温和，很少说重话。

斯文温和的关锦鹏（天秤座），当年是他力排众议起用梅艳芳（天秤

座）出演《烟脂扣》，进而帮梅艳芳获得香港电影"金像奖"和台湾"金马奖"双料影后的头衔。

天秤座为什么跟不大给人压力的人有缘？这事得从天秤座的父母讲起。天秤座小的时候，家里有个长辈（父母，或其他亲人），性情比较温和，很少对小孩说重话，不会硬要小孩怎么样，比较会顺着小孩的个性。

父母（或其他长辈亲人）具有这样的特质，就代表职场中具有这样特质的人，比较会给我们带来机会。职场生涯如果想碰贵人，天秤座不妨多留意性情比较温和，好相处，不大给人压力的人。这样的人，不论彼此是否已有工作关系，往往比其他人有较大的可能为天秤座带来工作上的帮助，有机会时宜多接触交流。

也跟有主见，个性强的人有缘

商品大王吉姆·罗杰斯（Jim Rogers，天秤座），与金融大鳄乔治·索罗斯（George Soros）合伙成立《量子基金》，曾狙击英镑获利甚丰。

大S（天秤座）当年因演出《流星花园》红遍全亚洲，该剧的制作人，是素有"偶像剧之母"称号的柴智屏，而柴智屏曾被人描述为，很有一股武则天、慈禧太后的气势，可见其强势的一面。

为什么天秤座也跟个性强的人有缘？原因跟前述亲人的效应是一样的，也就是小时候家里有位长辈，比较固执，比较强势，想干嘛就干嘛，而且说的话别人得听，家人常拿他没辙。从小形成的磁场，让天秤座日后的人生旅途碰到的有缘人（或贵人）中也有若干人是这样的性格。

这样的人，往往也是带头型，独当一面的人物，有其个人的长处及能耐。只要彼此能投缘，聊得来，天秤座应该积极地与这样的人保持良好关系，在某个时机，这份关系迟早能带来可观的效益。

8种不一样的天秤座

每年9月23日到10月23日出生的人都是天秤座，但不是每个天秤座都是一样的个性，人脉经营的诀窍也因而有些不一样。这是因为在这段时间，只是天上的太阳在天秤座，但影响一个人表达方式比较大的水星，不一定在天秤座，而影响一个人喜怒好恶比较大的金星，这段时间也不一定在天秤座。

天秤座的人，出生时的水星星座一定是处女座、天秤座、天蝎座这3种之一，不会是别的。就像是玩拼图一样，不把天秤座的水星星座也纳进来，组合不了这个人完整的个性。

天秤座＋水星处女座

我不是冲动派，我知道自己想要什么，便要怎样去做。人到了一定的年纪，便要为未来做部属，这个步骤很重要，对你的一生起着关键性的影响。——梅艳芳

因为水星处女的关系，这个天秤座的个性比较实际，虽然很有主见，有时挺固执，但也讲道理，只要有理，而且是比他有道理，他不会固执己见的。

这个天秤座对未来很有想法，会规划，成不成是一回事，至少有想法，有个方向感，不会过一天算一天。

这个天秤座做事很有条理，也很讲求方法，没有章法的事，瞎搞、没用心思的事他会受不了，会想方设法地让事情有条有理的上轨道。他很珍惜时间，有闲不下来的个性，如果手头没事干，他会觉得在浪费时间。他的求知欲强，喜欢日子过得充实，喜欢每天在进步，每天都有些收获的感觉。他是个喜欢有事做的人，人脉经营的重点，不是多多跟人接触互动，因为他肯定会这么做，而是多跟有上进心的人相处，彼此相互切磋，一块进步。

梅艳芳、韦唯、大S、李亚鹏、郭台铭、侯德建、赵又廷、芮成刚、加拿大流行摇滚歌手艾薇儿·拉维尼（Avril Lavigne）等人，都是水星处女的天秤座。

天秤座＋水星天秤座

生活中不要太计较，才会活得开心！——刘德华

因为水星天秤的关系，这个天秤座很少口出恶言，即使生气了，也不大会说出难听的话。这个天秤座遇事时，习惯问一下身边人的意见，即使已有看法，已有主见，还是会很好奇别人的想法是什么，反正听一听也不会怎样，决定权还是在自己。当某件事拿捏不定，或是身旁有异议时，这个天秤座会先缓一下，会多问几个人，直到看法趋于一致时为止。

这个天秤座对于不太重要的事，很尊重别人的想法，不太计较，人前是个好商量，好沟通的人。但对重要的事，就很有主见，只是不会独断独行，会多方沟通，直到获得认同为止。这个天秤座擅长引导话题，有办法通过人际技巧寻求他人的支持，是朋友间的好参谋。人脉经营的诀窍，可以多着重在一对一的沟通交流，既可深化彼此的关系，遇事时也比较能将事情朝着自己希望的方向进行。

刘德华、姚晨、孙俪、郭晶晶、李云迪、陈浩民、袁泉、关之琳、汤唯、冯绍峰、泳儿、安以轩、关锦鹏、杜宪、韩乔生、吴大维、霍启人、郁可唯、滨崎步、爵士乐大师查理·帕克（Charlie Parker）、商品大王吉姆·罗杰斯（Jim Rogers）、英国女星凯特·温丝莱特（Kate Winslet）、好莱坞女星凯

瑟琳·泽塔·琼斯（Catherine Zeta-Jones）等人，都是水星天秤的天秤座。

天秤座＋水星天蝎座

> 真善美中，真是排在第一位的。——王功权

因为水星天蝎的关系，这个天秤座讨厌做作，讲话比较直接，有时会不小心得罪人。天秤座虽有四两拨千斤的能耐，但这个天秤座却不擅长说谎或瞎掰，很容易被人识破，他本人也不喜欢说谎讲假话，觉得很累，而且他也很讨厌别人骗他，忽悠他。

这个天秤座如果是个男的，人多的场合话不多，要私底下在熟人面前，或写微博、博客时，话才比较多。如果是个女的，比较会跟人分享生活点滴，但还是要看情形，个人隐私仍有不少保留，不过表情会丰富些，也比较有笑容。

不论男女，这个天秤座都有敏锐的观察能力，擅长分析，喜欢研究，讲述事情时，条理清楚，很有见地，而且讲得很详细。他不喜欢复杂的人际关系及事物，喜欢单纯，对于感兴趣的事物，有非要搞懂、非要搞定的劲儿。

客套话、场面话不常讲的他，人际关系不是靠嘴甜会说话建立起来的，而是靠专注、认真的扎实功夫。人脉经营的战略，宜多在既有的老关系上下工夫，如老同学、老朋友、老客户、家人等，比较能自在的跟这些人交流，不过还是要尽可能地调整说话技巧，如果想说的话如果会惹人嫌，最好闭嘴不说，微笑就好。

王功权、周迅、贾静雯、林志颖、陈冠希、张荣发、隋棠、金城武、熊黛林、编剧邓育昆等人，都是水星天蝎的天秤座。

天秤座的人，他的金星星座一定是狮子座、处女座、天秤座、天蝎座、射手座这5种之一，不会是别的。金星星座影响一个人的喜怒好恶，如果不把天秤座的金星星座也考虑进来，难以知道他跟人相处的全貌。

天秤座＋金星狮子座

当我做名人访谈的时候，我总是从童年开始谈起，因为人在童年所经历的事情，会影响今天的所作所为。

——芭芭拉·沃尔特斯（Barbara Walters）

因为金星狮子的关系，这个天秤座对人比较热情，大方不居小节，几个熟人凑在一块，他就会跟人打成一片。他有幽默感，喜欢跟人闲扯闲聊，有他在场，气氛容易轻松愉悦，是朋友聚会时不可缺少的好同伴。

这个天秤座如果是个女的，要比是个男的脾气大一些，掌控欲强一些，也比较注意流行，懂得打扮，喜欢花钱买东西。生活情报的分享，是她跟朋友间交流的重要话题。不论男女，好胜心都很强，喜欢带头，急起来时，情绪写在脸上，心情好时，风趣诙谐，很能感染别人。

兴趣嗜好，是这个天秤座不能没有的生活重心，是个懂得过生活，有情趣的人，如果能跟工作结合，寓工作于娱乐，会越做越专精。他在聚会的场所里，容易给人好印象。人脉经营的重点，应该多参加聚会活动，多结交兴趣相投的朋友，对工作很有帮助。

美国名主持人芭芭拉·沃尔特斯（Barbara Walters）、安以轩、黄韵玲、郭蔼明、侯德建、于台烟、韩国艺人朴贤贞、法国女星玛莉咏·柯蒂亚（Marion Cotillard）等人，都是金星狮子的天秤座。

天秤座＋金星处女座

商场就是战场，在战场上违令者，结果就是一个"杀"。——宗庆后

因为金星处女的关系，这个天秤座有两种很不一样的类型。一种是个性随和，比较好相处，情商也比较好，不常生气；另一种是规矩比较多，要求比较多，比较难搞，也比较容易生气。前者朋友的邀约，或因事来找的人比较多，因为好说话，找他很容易；后者的人际互动要看人，看情形，视需要而定，不是随时都能跟人谈笑，私底下的情绪颇多。

前者人脉经营的战略是顺着自己的天性，多跟人接触，不只是对工作

有帮助，生活方面的疑难杂症，也经常可以寻求朋友的协助解决。后者比较注重谈得来，志同道合（或臭味相投）的感受，人脉经营的战略是求精不求多，跟固定几个常往来的熟识，保持密切的联系即可，因为贵人就在他们之中，迟早会有帮助。

这个天秤座，不论是属于前者还是后者，对工作都很认真投入，耐劳耐操，经常从早忙到晚，适时的休息充电对其很重要，包括吃些好吃的。

宗庆后、芮成刚、袁泉、刘德华、陈浩民、孙俪、吴大维、隋棠、陈冠希、霍启人、刘尔金、郁可唯、吴亚馨、船运大王张荣发、发掘苏珊大妈的选秀评审西蒙·考威尔（Simon Cowell）、英国女星凯特·温斯莱特（Kate Winslet）、好莱坞女星凯瑟琳·泽塔-琼斯（Catherine Zeta-Jones）、美国饶舌歌手阿姆（Eminem）等人，都是金星处女的天秤座。

天秤座＋金星天秤座

我喜欢红酒，因为我觉得红酒的年份跟我们的艺术相关。我很喜欢收藏和品味红酒，因为很多跟音乐是相通的。——李云迪

因为金星也是天秤座，这个天秤座话多，很爱讲，很爱聊，尤其是在熟人面前。无论男女都爱跟朋友分享生活点滴，喜欢叙旧，勾起感兴趣的话题时，话匣子一开经常没完没了。他跟朋友一块吃东西时，话会特别的多，天南地北都是可以聊的话题，越是轻松的场合，他越健谈。

这个天秤座的人际网络，经常是一个串一个的，越张越广。虽然他在不太熟的人面前，话比较少，可是一回生两回熟，没多久就能跟人聊开了。这个天秤座的人脉经营战略，不用多说，就是多跟人接触，而且在能吃点东西，能喝点什么的场合，更是要多多把握，很多的好关系就是这样建立的。

这个天秤座的异性缘多半不错，不一定涉及男女关系，只要是异性，如异性的亲戚、同学、朋友、客户、同业、同僚、领导、下属等，很容易在这些人之中，碰到与自己投缘，共事有默契的。这样的异性，也应该视为贵人，迟早对自己的事业发展有帮助。

李云迪、周迅、姚晨、汤唯、贾静雯、高圆圆、林志颖、梅艳芳，白灵、赵又廷、郭台铭、韦唯、白歆惠、王功权、黎姿、泳儿、爵士乐大师查理·帕克（Charlie Parker）、商品大王吉姆·罗杰斯（Jim Rogers）、美国影星迈克尔·道格拉斯（Michael Douglas）、威尔·史密斯（Will Smith）等人，都是金星天秤的天秤座。

其中李云迪、威尔·史密斯、姚晨、汤唯、黎姿、高圆圆、白歆惠、泳儿等人的水星也是天秤座，因此他们都是纯天秤座的人。前述提到有关天秤座的性格特征及人脉经营心法，对纯天秤的人而言会更强烈些。

天秤座＋金星天蝎座

> 自信的人越自信，他就越沉默。——关锦鹏

因为金星天蝎的关系，这个天秤座对朋友很够意思，很仗义，能帮的忙会尽量帮。这个天秤座的每个人生阶段都会结交几个死党哥们儿，彼此常聚在一块，互通声息，互相帮忙，偶尔也会闹点不愉快。死党哥们儿是这个天秤座不可缺少的生活重心，其中有的人会在适当的时机，对其事业有所帮助。这个天秤座人脉经营的重点是决不能忽视这些老关系。

这个天秤座如果是个女的，要比男的有亲和力，比较会笑脸迎人，也比较容易跟人攀谈；男的则比较有个性些，看人交流，在不熟的人面前话比较少，不过碰到女生，尤其是漂亮的女生时，就比较会讲话。

不论男女，这个天秤座的异性缘都是比较好的，职场上应善加利用这一点，多跟异性的客户、同业、同僚、领导、下属打交道，帮助会不少。

关锦鹏、大S、冯绍峰、杜宪、关之琳、吴琦莉、滨崎步、王柏杰、吴佩慈、庹宗华、张靓颖、张震、孙兴、许绍洋、王杰、知名编剧邓育昆、摇滚歌手艾薇儿·拉维尼（Avril Lavigne）、美国影星马特·戴蒙（Matt Damon）、休·杰克曼（Hugh Jackman）、格温妮丝·帕特罗（Gwyneth Paltrow）、西格妮·韦弗（Sigourney Weaver）、凯利·普雷斯顿（Kelly Preston）等人，都是金星天蝎的天秤座。

天秤座＋金星射手座

> 各位观众，中秋节刚过，我给大家拜个晚年。——韩乔生

因为金星射手的关系，这个天秤座喜欢出门，喜欢到处走走看看，只要出门心情就会变得比较好，至于他是爱玩型，会主动找人出门，还是被动型，习惯等熟人来约，则是另当别论。

这个天秤座出门就会花钱，不款待慰劳一下自己，他会觉得没玩尽兴，而且只要出门就会想在外头待久一点，多去几个地方。如果只是出门晃一下，或是只在近处转一圈，对他而言，都不算出门，也就无法尽兴。

这个天秤座更喜欢新鲜事物，更喜欢接受挑战，职场上最好多接触新业务，新的项目，多跟与自己的背景、专业不一样的人交往，如果可能，多跟远方（异乡）人士往来，或是去异地工作，比较容易碰到贵人。

这个天秤座有两种类型。一种是比较活泼大方，比较外向，比较会笑脸迎人；另一种是比较内向，比较内敛，经常是一号表情，或是面无表情。前者给人的感觉比较风趣随和，话也比较多，职场工作适合多跟人接触，多往外走，靠人缘吃饭；后者不善交际应对，也不喜欢应酬，适合居于幕后的工作，或是靠专业技能吃饭。

无论是哪一种类型，这个天秤座对朋友很够义气，对家人也很好，能帮的忙会尽量帮，是不少人的贵人。

韩乔生、金城武、熊黛林、郭晶晶，以及英国前首相撒切尔夫人（Margaret Thatcher）等人，都是金星射手的天秤座。

天秤座的人，出生时水星是什么星座，金星是什么星座，以下附了两张表，供出生在1950年到1990年的天秤座查询。

表一　不同水星星座的阳历出生日期

年	水星处女	水星天秤	水星天蝎
1950	9.24～10.9	10.10～10.23	无
1951	9.24～10.2	10.3～10.19	10.20～10.24
1952	9.23	9.24～10.11	10.12～10.23

年	水星处女	水星天秤	水星天蝎
1953	无	9.24~10.4	10.5~10.23
1954	无	9.24~9.28	9.29~10.23
1955	无	9.24~10.24	无
1956	9.30~10.11	9.23~9.29 10.12~10.23	无
1957	9.24~10.6	10.7~10.23	无
1958	9.24~9.28	9.29~10.16	10.17~10.23
1959	无	9.24~10.8	10.9~10.24
1960	9.23~9.30	10.1	10.2~10.23
1961	无	9.24~9.27 10.22~10.23	9.28~10.21
1962	无	9.24~10.23	无
1963	9.24~10.10	10.11~10.23	无
1964	9.23~10.2	10.3~10.20	10.21~10.23
1965	9.24~9.25	9.26~10.12	10.13~10.23
1966	无	9.24~10.5	10.6~10.23
1967	无	9.24~9.29	9.30~10.23
1968	无	9.23~9.28 10.8~10.23	9.29~10.7
1969	10.7~10.9	9.24~10.6 10.10~10.23	无
1970	9.24~10.7	10.8~10.23	无
1971	9.24~9.30	10.1~10.17	10.18~10.23
1972	无	9.23~10.9	10.10~10.23
1973	无	9.24~10.2	10.3~10.23
1974	无	9.24~9.27	9.28~9.23
1975	无	9.24~10.23	无
1976	9.23~10.10	10.11~10.23	无
1977	9.23~10.4	10.5~10.21	10.22~10.23
1978	9.24~9.30	10.1~10.14	10.15~10.23
1979	无	9.24~10.6	10.7~10.23
1980	无	9.23~9.29	9.30~10.23
1981	无	9.23~9.27 10.14~10.23	9.28~10.13
1982	无	9.24~10.23	无
1983	9.24~10.8	10.9~10.23	无
1984	9.23~9.30	10.1~10.17	10.18~10.23
1985	无	9.23~10.10	10.11~10.23

年	水星处女	水星天秤	水星天蝎
1986	无	9.24～10.3	10.4～10.23
1987	无	9.24～9.28	9.29～10.23
1988	无	9.23～10.23	无
1989	9.27～10.11	9.23～9.26 10.12～10.23	无
1990	9.24～10.5	10.6～10.22	10.23

※不确定自己是什么星座的，可以上星吧网查询（xingbar.com.cn）。

表二　不同金星星座的阳历出生日期

年	金星狮子	金星处女	金星天秤	金星天蝎	金星射手
1950	无	9.24～10.4	10.5～10.23	无	无
1951	无	9.24～10.24	无	无	无
1952	无	无	9.23～9.27	9.28～10.22	10.23
1953	无	9.24～10.18	10.19～10.23	无	无
1954	无	无	无	9.24～10.23	无
1955	无	无	9.24～10.12	10.13～10.24	无
1956	9.23～10.5	10.6～10.23	无	无	无
1957	无	无	无	9.24～10.9	10.10～10.23
1958	无	9.24～10.3	10.4～10.23	无	无
1959	9.24～9.25	9.26～10.24	无	无	无
1960	无	无	9.23～9.27	9.28～10.21	10.22～10.23
1961	无	无	无	无	无
1962	无	9.24～10.17	10.18～10.23	无	无
1963	无	无	无	9.24～10.23	无
1964	无	无	9.24～10.12	10.13～10.23	无
1965	无	无	无	9.24～10.9	10.10～10.23
1966	无	9.24～10.2	10.3～10.23	无	无
1967	9.24～10.1	10.2～10.23	无	无	无
1968	无	无	9.23～9.26	9.27～10.21	10.22～10.23
1969	无	9.24～10.17	10.18～10.23	无	无

年	金星狮子	金星处女	金星天秤	金星天蝎	金星射手
1970	无	无	无	9.24～10.23	无
1971	无	无	9.24～10.11	10.12～10.23	无
1972	9.23～10.5	10.6～10.23	无	无	无
1973	无	无	无	9.24～10.9	10.10～10.23
1974	无	9.24～10.2	10.3～10.23	无	无
1975	9.24～10.4	10.5～10.23	无	无	无
1976	无	无	9.23～9.25	9.26～10.20	10.21～10.23
1977	无	9.23～10.16	10.17～10.23	无	无
1978	无	无	无	9.24～10.23	无
1979	无	无	9.24～10.11	10.12～10.23	无
1980	9.23～10.4	10.5～10.23	无	无	无
1981	无	无	无	9.23～10.8	10.9～10.23
1982	无	9.24～10.1	10.2～10.23	无	无
1983	9.24～10.5	10.6～10.23	无	无	无
1984	无	无	9.23～9.25	9.26～10.20	10.21～10.23
1985	无	9.23～10.16	10.17～10.23	无	无
1986	无	无	无	9.24～10.23	无
1987	无	无	9.24～10.10	10.11～10.23	无
1988	9.23～10.4	10.5～10.23	无	无	无
1989	无	无	无	9.23～10.8	10.9～10.23
1990	无	9.24～10.1	10.2～10.25	无	无

※不确定自己是什么星座的，可以上星吧网查询（xingbar.com.cn）。

天蝎座

10.24~11.22

天蝎座的性格特征

坚毅执著

雨滴穿石，不是靠蛮力，而是靠持之以恒。

——古罗马诗人及哲学家卢克莱修（Titus Lucretius Carus）

天蝎座认定的事，已有想法的事，喜欢的事，想要做到的事，会一以贯之地进行到底。他并不顽固，不是食古不化；相反，他很务实，做事很有弹性，只是经过权衡想清楚的事，他不会后悔，坚持到底。

天蝎座有着"不见黄河心不死"的精神，任何他想做的事，只要还有一丝希望，只要还没完全绝望，他都会全力以赴，否则会不甘心。天蝎座不懂得放弃，除非方法用尽了，真的走到尽头了，否则他不会放下，不会停止努力。

天蝎座的执著，不是振臂高呼，挂在嘴边型的，而是持之以恒，闷头照做型的。他一点一滴地，默默地做，可以不管别的，就是要把事情做好。

她的齐耳妹妹头从14岁起就没变过；她喜欢的食物，就固定那几样，其他的东西一律不爱吃；她16岁辍学，中学没毕业，凭着热情一头钻进她喜欢的工作，一做40年。时尚天后安娜·温图尔（Anna Wintour，天蝎座），担任美国《Vogue》的主编已有二十几年，依然精力旺盛，创意十足。

他高中念了4年，大学考了两次，创了3次业。放着好好的国际计算机公司研发工作不做，跟岳父和亲戚借了些钱，跑到美国卖"杀病毒软件"，结果若干年后，张明正（天蝎座）创立的趋势科技，成了全球市值最高的软件公司。

他5岁立志进广播界，22岁做小电台的杂工，24岁替补上阵成了电台DJ，52岁时与CNN缔结接下来25年的缘分。拉里·金（Larry King，天蝎座）从小杂工做起，做到当红访谈节目主持人，穿着吊带经历二十几个寒暑，访问过4万多人，其中包括美国在世的历届总统及第一夫人。

她出道11年，曾跟周杰伦及孙燕姿同时入围金曲奖最佳新人。跌到谷底多年的歌唱事业，2011年终因一曲《伤痛》搭上爆红偶像剧而让林凡（天蝎座）熬出头。

全神贯注

他35岁时破产，3年后被称为"世界上最伟大的推销员"，所保持的汽车销售纪录，至今全球无人能破。他每次都全神贯注地倾听别人说话，注视着对方的眼睛，听着对方的声音。乔·吉拉德（Joe Girard，天蝎座）卖出生平第一辆车的客户在事后跟他说："我买过很多东西，但从没有见过一个人能像你这样恳切。"

天蝎座是个容易专注的人，不论是在玩的时候，还是做事的时候，他都很投入，一门心思都在他注意的事情上。

天蝎座容易专注的原因，跟他喜欢归根究底的个性有关。他不喜欢模棱两可、暧昧模糊、不清不楚的事情，只要一件事他想要弄清楚，他就会钻下去，直到他懂了，了解来龙去脉为止。

天蝎座容易专注的另一个原因，跟他喜欢单纯，不喜欢复杂有关。他喜欢单纯的人际关系，喜欢单纯的生活步调，喜欢单纯的做事方式，不喜欢把事情和人际关系搞复杂了。单纯，让他可以集中心思在想做的事情上，让他比较可以掌控事情，不会有别的干扰。为了做好事情，天蝎座需要全神贯注，为了能够全神贯注，天蝎座会排除不必要的干扰，或是不花心思在无关紧要的事情上。天蝎座相信，只要全心投入，没有做不了的事。

不急着反应，先观察

他原本是个单纯的体育专科学生，偶尔利用空闲时间摆摆地摊。首先注意到他的，是已出过多张唱片的著名歌手，但他没将这位歌手的邀约放在心上。后来出现的星探，在好说歹说了数次之后，吴奇隆（天蝎座）才勉为其难地答应参加"小虎队"的征试。

每当天蝎座面对陌生的环境，接触新的人际圈（或人际关系）时，他习惯先观察，先了解情况，然后才慢慢放得开。不是因为天蝎座怕生、怕事，或是怕惹人厌，而是他习惯先对周遭的人有了初步认识，心里有了底之后，才开始跟人交流。天蝎座的人际互动需要暖身，不是一开始就热情相往，他需要觉得安心了，有谱了，跟人讲的话才会渐渐深入，情绪喜好才会渐渐释出。

天蝎座习惯跟熟人互动，因为熟人让他比较安心，心里比较有谱，他比较可以掌握分寸，不会有他不解的东西，不会有意外。不熟的人面前，天蝎座需要时间拿捏分寸，在还没有把握之前，他会先保持安全的距离。如果有熟人陪同，他能比较快地融入新的环境，如果一个新的环境全是陌生不熟的人，他会自然而然的，像基因引导一般，先熟悉一两个之后，再慢慢扩大接触面。

很能忍

父亲生意失败欠下的巨款，让他不得不拼命地工作，无论心理和身体都非常煎熬。一直坚持了12年，才把债务了结，但吴奇隆（天蝎座）从不抱怨。

天蝎座习惯隐忍，隐忍他的情绪，隐忍他对人事物的喜好。他喜欢一个人时，会先隐忍着，先观察再说；他讨厌一个人时，也是先隐忍着，能避则避，真受不了时再说。天蝎座不喜欢心里的情绪好恶被人知道，因为那会让他不安，不晓得会有什么后遗症。他不习惯跟人讲私事，包括家人的，好的坏的都一样，只要是稍微有点深入的话题，他会不自觉得止住，要看对象，看当时的情形，才会决定讲还是不讲。天蝎座在熟人面前比较会讲多一点他个人的私事，但也要看情形，一般是不会主动讲。

天蝎座其实很想跟人分享心事，很喜欢心意交流的感觉，但他更在意安全感。没让他放心，没让他喜欢的人面前，他是会保留裹足的。有些话天蝎座只会跟有特定交情的人讲，不是所有熟人他都会讲。

天蝎座重感情，有顾全大局的个性。有些话他不会说，有些好恶他不会表现出来，那是因为其中牵扯到人。在不确定是否有后遗症、是否会伤到人的情形下，天蝎座习惯保持缄默。只要不说，事情就能在他可以掌控的范围内，否则人多嘴杂，变量也多了。

不想多做解释

她虽然是朋友的情绪垃圾桶，是个很好的听众，但对于外界种种跟她有关的传闻，林熙蕾（天蝎座）一概不愿多做解释，一如没事般的继续做自己该做的事。

当初她跟男方被冠以"冰上情侣"的称号，不过对于外界的猜测和美好祝愿，申雪（天蝎座）一律采取回避的态度，不愿多说什么，直到2009年东京世锦赛中，赵宏博向她深情跪地的一吻……

他的婚姻出了状况，妈妈关心，但吴奇隆（天蝎座）只说了一句"你身体不好，不要担心太多事"，其他一概不说。

凡事时机不是很成熟的，还没想清楚的，或是会给自己带来麻烦的，天蝎座都不习惯表明，也就不想说什么。而时机已经成熟的，已经想清楚的，好坏已经掂量过的，天蝎座会执著地坚持下去，不会后悔。即使旁人讶异、不解、不认同，他也不会跟人争辩，不会多说什么，闷着头照做自己的。

天蝎座怎么讲都不回应，闷头照做的个性，跟他的父母很有关系。天蝎座的父母（或其他亲人），有个人如果想做什么，但家人有意见，或是不认同，这人即使听到了，也不会回嘴，不会争辩，不会多说什么，闷不吭声地照着自己的意思继续做下去，不管别人怎么说。

天蝎座的人脉经营心法

护短，但别偏心

为自己的狗护短的人，跟邻居合不来。——蒙古族谚语

天蝎座重视老交情、老关系，即使表面上没跟人拉手勾肩的，其实很重感情。他对自己人有护短的倾向，不管外人说了什么，即使指证历历，说得有道理，他也不会应和外人的说法，会避开或淡化。要说自己人，天蝎座自己会说，不容外人指指点点，也不会当着外人的面主动说。

天蝎座有胳臂内弯的倾向，有什么好会先给自己人，不会让外人独享。自己人指的是家人、亲人，以及跟他有特殊情谊，曾帮助过他、对他好的人。天蝎座对待自己人及外人，有很明显的不一样，当然他的情绪和好恶，也是自己人最清楚。

这亲疏有别的个性，如果表现在居家生活或朋友私交上，倒也无可厚非，但如果也表现在职场中，则会有比较严重的后遗症。

在职场中，尤其是做领导的，或是跟一群客户有往来的天蝎座，如果在处理人际关系时，也表现出明显的亲疏有别，明显的护短，便难以建立公平的共事气氛，团队默契及工作士气都会受到影响，最后受害的还是自己。

对自己人好，这是天蝎座的天性，要改也改不了多少，不过在公事上仍应公平对待，不应大小眼。对于有过错的，应一视同仁，而不是宽以待己（自己人），严以待人（外人）。如果真想照顾一下职场里的自己人，最好的方法是适才适所，而不是硬要把超出自身条件的待遇加诸当事人身上。

领土观念，委婉表达

一切都得看他的眼色行事，外人是针插不进，水泼不进。

——熊召政《张居正》第一卷第二十三回

跟自己有关的事，天蝎座很在意，顾得严严实实的，不容他人碰触。什么样的事，是天蝎座不容别人置喙的？除了前述个人的私事外，个人的嗜好，个人的工作，也在天蝎座的领土范围内，不容外人插手说话。

天蝎座的领土观念很强，凡是被他视为领土的（如工作、嗜好、私事、感情生活等），绝不容外人干涉，有时即使是自己的长辈也一样，有什么问题他自己会处理，不劳旁人操心。如果天蝎座的工作辖区，被人指指点点了（包括上司领导），他会很在意，很紧张，严重一点的，情绪化的举动就会出现。

领导过问、干涉自己的工作，有时只是为了纠正提醒，天蝎座都会觉得不舒服了，若是其他不相干的人涉入，天蝎座的反应会更激烈些。天蝎座在防卫自己的领土范围时，不见得都要抱着来者不善的心态面对，有时对方可能只是关心，或是只想交流，就像是外国观光客一样，不见得有什么居心叵测的地方。反应过度容易予人排外、不好沟通的印象，不利人际关系，最好是顺其自然，先区分对方来意比较好。

别偏听，也别因人废言

用不存成见的心情和人交往，才可以交到朋友。——罗兰

天蝎座很在意安全感，尤其是来自人给他的安全感。亲近、熟悉的人，天蝎座会比较放心，因为彼此熟悉，一举一动早有默契，不会有不清楚，不能掌握的事。但放心不见得什么都要听从，尤其是在职场中，很多事涉及专

业及能力，不是一个信任就能解决问题。天蝎座遇事时，仍应就事论事，避免只听少数几个人说的话，否则偏听会让更多人不想讲真话。

天蝎座讨厌虚假、欺瞒、背叛、摇摆不定，这些事虽然没人喜欢，但天蝎座的反应会更激烈而持久。对于不清不楚的事情，天蝎座会想要搞个清楚；对于复杂纠结的事物，天蝎座会想要搞单纯一点。因为清楚了，单纯了，他才比较容易掌握，才会觉得安心。虚假、欺瞒、背叛、摇摆不定的人、事物，让天蝎座很不安心，很没安全感，等同威胁安身立命的生存，不能等闲视之，最好是一开始就让这种事不会发生。

凡是让天蝎座觉得不老实、花样多、难以掌握的人，天蝎座很难对这个人放心，若要长久共事、共处，会有心理障碍。对于不正直，不诚实的人，固然要有防备心，但要避免因为对一个人不放心，甚至只是难忍对方的一个小瑕疵，就全盘否定这个人的其他优点，这在经营职场的人际关系时，不是个健康的态度。

不要因为是自己人，就什么都听对方的；不要因为不是自己人，就有所保留，有所怀疑；也不要因为不喜欢某人，就全盘否定对方。天蝎座在个人的私领域，可以清楚地分你我，可以爱憎分明，但在经营职场人际关系时，这种一分为二的态度要隐藏，因为在职场里，事情不会单纯的非黑即白，成见只会让自己迷失了判断力，敌人不会永远是敌人，而太多的经验也告诉我们，伤人最深的，往往是最信赖的人。

善用活泼外向的人

你一生中卖的唯一产品就是你自己。

——乔·吉拉德（Joe Girard）

天蝎座跟人比较慢熟，但应有的礼貌还是会有，该讲话的时候还是会讲的，但如果要对人主动，跟人热情，跟人更深入的交谈，跟人讲点私事，他需要时间。有的天蝎座比较内向，初到陌生环境时，自我防卫心态比较重，甚至会出现与周遭格格不入的情形。

职场的人际交流，尤其是应酬的场合，不像念书时那样，有比较长的时间让天蝎座熟悉环境，让天蝎座慢慢放得开，反而会因陌生人多，让天蝎座局促不安。在暖身时间不够长的情形下，天蝎座不妨侧身在活泼外向的朋友身旁，让朋友作为自己与他人的缓冲接口，渐进地与人热络起来。

天蝎座可以找外向型的朋友，一块出入社交场合，一方面缓解自己的局促不安；也可以让话多，对人比较主动的朋友，分散他人对自己的注意。初到一个陌生环境时，天蝎座也可以先跟比较谈得来，而个性又比较活泼外向的人打交道，再慢慢地扩大人际圈。

跟会骂人的人有缘

她入行多年，一直想摆脱花瓶形象，自从跟著名导演杜琪峰合作后，林熙蕾（天蝎座）的事业出现转机，演技渐受肯定。杜琪峰在片场是出了名的爱骂人，老远就听得到。

他是著名的烹饪节目主持人，5岁开始学做菜。柯提斯·史东（Curtis Stone，天蝎座）当年游历欧洲学艺，落脚伦敦时，曾拜传奇名厨马克·皮耶怀特（Marco Pierre White）为师。马克除了是最年轻的米其林三星主厨，同时也以他的火暴急性子著名。

天蝎座为何跟会骂人的人有缘？这事得从天蝎座的父母讲起。天蝎座小的时候，家里有位长辈（父母，或是其他亲人），在心情不佳时会骂人，不一定是骂天蝎座本人，但他这种心态肯定会影响到天蝎座。

会骂人的人也会出现在天蝎座的职场生涯里，不论这人是领导、同事、客户、往来同业，还是生活圈里的朋友。会骂人的人，也许平常还好，表面上看不出来，但在待人接物上仍可看出端倪，天蝎座只要稍加观察，心里自会有谱。会骂人的人，不见得是对天蝎座本人凶，也许是对别人，不过多半有性急的个性，天蝎座若想碰贵人，不妨多注意周遭是否有这样的人。

也跟表情不多的人有缘

在颁奖仪式上，她突然提出要讲几句话，接过话筒后，申雪（天蝎座）的声音有些颤抖，"今天能够站到这里，取得这么好的成绩，完全都是因为一个人，那就是我们的教练——姚滨！谢谢教练！"姚教练此时在鼻梁上架起了一副墨镜……

为什么天蝎座也跟表情不多的人有缘？原因也是跟亲人效应有关。天蝎座小的时候，家里有位亲人（可能跟前述会骂人的人是同一人，也可能不是），不管是开心，还是不开心的时候，那人的样子都差不多，表情没什么明显的变化。

表情变化不大的人，一号表情的人，或者不容易看出情绪的人，也是天蝎座在拓展人际关系时，可以特别留意的。这样的人，通常就那么一两种表情，拍照时也一样，没什么变化，生气跟高兴时表情差不多。这样的人，不见得都是板着脸的，跟脾气的好坏也没有一定的关联，而是跟表情有关，不论坏心情好心情，这样的人表情都差不多。

8种不一样的天蝎座

每年10月24日到11月22日出生的人，都是天蝎座，但不是每个天蝎座都是一样的个性，人脉经营的诀窍也因而有些不一样。这是因为在这段时间，只是天上的太阳在天蝎座，但影响一个人表达方式比较大的水星，不一定在天蝎座，而影响一个人喜怒好恶比较大的金星，这段时间也不一定在天蝎座。

天蝎座的人，他的水星星座一定是天秤座、天蝎座、射手座这3种之一，不会是别的。就像是玩拼图一样，不把天蝎座的水星星座也纳进来，组合不了这个人完整的个性。

天蝎座＋水星天秤座

当你看过、听过、玩过、冒险过、失去过、得到过、控制过、失控过、野过、疯过，你才会甘愿地去经营一段稳定的关系。——陶晶莹

因为水星天秤的关系，这个天蝎座善于表达，谈吐比较文雅，也比较善解人意。虽然骨子里仍有坚毅固执的个性，但在待人接物上，多了些率性自然、风趣客气的气息，很容易给人留下好印象。

这个天蝎座遇事时，习惯问一下身边人的意见，或是先看别人的反应如何，即使自己已有看法，已有主见，还是会很好奇别人的想法是什么，反正听一听、等一下也不会怎样。这个天蝎座对于不太重要的事，会尊重

别人的想法，不太计较，但对重要的事，就很有主见，很坚持。他擅长引导话题，说服力强，偶尔会因情势说善意的谎言。人脉经营的诀窍是可以多着重在一对一的沟通交流上，这样既可深化彼此的关系，遇事时也比较能将事情朝着自己希望的方向进行。

陶晶莹、萨日娜、林熙蕾、海岩、周慧敏、Selina、林依晨、陈昭荣、趋势科技张明正、雅虎杨致远、曾馨仪（郭台铭的妻子）、韩星全智贤、比尔·盖茨（Bill Gates）、意大利电影配乐大师埃尼奥·莫里康（Ennio Morricone）、时尚天后安娜·温图尔（Anna Wintour）等人，都是水星天秤的天蝎座。

天蝎座＋水星天蝎座

要有追根究底、毫不妥协的精神，无论生活或研究工作都必须非常认真，要打破沙锅问到底。——诺贝尔化学奖得主李远哲

因为水星天蝎的关系，这个天蝎座有两种类型。一种是人前大方，比较会讲话，比较能跟人攀谈。另一种是人前话少，不大主动找人讲话，跟人互动要看人、看场合，只有在熟人面前才会比较多话。

前者要比其他天蝎座来得随和，跟人比较快熟，有个人魅力，个性适合多跟人接触，人面广对其事业很有帮助。后者个性较低调，在职场中宜居幕后，或担任运筹帷幄的角色。

不论是哪一类型，这个天蝎座讲话都比较直，有什么说什么。因此，他们与人打交道或发表看法时，最好慎选用词，免得引起争议。这个天蝎座有追根究底的精神，想要弄懂的东西，非要搞清楚不可，适合从事具有分析、研究性质的工作，若是从事演艺工作，很擅长揣摩角色及掌控气氛。

李远哲、郭富城、柳岩、易建联、叶莉、董卿、吴奇隆、阮经天、高晓松、陈升、苏慧伦、林青霞、赵雅芝、作家小野、天心、冯翊纲、焦恩俊、宋逸民、欧阳龙、何豪杰、余文乐、崔苔菁、好莱坞女星朱莉亚·罗伯茨（Julia Roberts）、女星梅格·瑞安（Meg Ryan）、女星朱迪·福斯特（Jodie Foster）、女星黛米·摩尔（Demi Moore）、女星威诺纳·赖德（Winona

Ryder）、女星安妮·海瑟薇（Anne Hathaway）、女星蒂尔达·斯文顿（Tilda Swinton）、男星马修·麦康纳（Matthew McConaughey）、摩洛哥王妃葛丽丝·凯莉（Grace Kelly）、球王马拉度纳等人，都是水星天蝎的天蝎座。

天蝎座＋水星射手座

> 文化是小康之后老百姓才去想的事儿。——张艺谋

因为水星射手的关系，这个天蝎座有两种类型。一种是一号表情的天蝎座，不论处在什么状况，都是那副表情（可能是面无表情，也可能是固定的某种表情），没什么变化。另一种是人前笑眯眯的，表情比较丰富，情绪跨度比较大，开怀的时候，给人的感觉是开朗的，活泼的。

前者给人的印象是不擅社交的，也不爱出风头，人际交流比较被动，多是配合别人居多，但有专擅的领域，宜专注在自己擅长的工作上。后者的个性较活泼，给人开朗的感觉，人际交流多多益善，人面越广越好，但要留意自己的情绪起伏。不论是哪种类型，这个天蝎座的个性都比较坦率，不会惺惺作态，不喜欢拐弯抹角地说话，想说什么说什么。

张艺谋、黄晓明、成克杰、申雪、杨紫、演员何琳、炎亚纶、唐治中、刘雪华、蓝心湄、怀秋、时尚教父洪伟明、陈若曦、吴淡如、聂云、寇家瑞、李泽楷、木村拓哉等人，都是水星射手的天蝎座。

天蝎座的人，他的金星星座一定是处女座、天秤座、天蝎座、射手座、摩羯座这5种之一，不会是别的。金星星座影响一个人的喜怒好恶，如果不把天蝎座的金星星座也考虑进来，难以知道他跟人相处的全貌。

天蝎座＋金星处女座

> 我和丈夫的观点是，谁把房间弄脏了，谁就应该自己去收拾。我们从来没想过要请一个管家来帮忙，一切事都是我们自己打点的。
> ——朱莉亚·罗伯茨（Julia Roberts）

因为金星处女的关系，这个天蝎座有两种类型。一种是意见多，规矩

比较多，旁人有时觉得难搞，不过这情形多是在私底下，在熟人面前，一般外人并不清楚。另一种是比较好说话，不是个意见多的人，旁人要干嘛，他多半会配合。

前者的人际圈比较固定，平日互动的通常是固定的几个人，他私底下有不好搞的脾气，好不好相处要看人，看场合，看心情。后者较随和，人面比较广，各式各样的人都认识一些，也都能聊上话。

前者的人脉经营战略，是顺着自己的天性，跟谈得来，固定几个常往来的朋友（或亲人）保持密切的联系，因为贵人就在里头，迟早会有帮助。后者的朋友邀约，或因事来找的人比较多，人际交流最好是多多益善，不只是对工作有帮助，生活方面的疑难杂症，也经常可以寻求朋友的协助解决。

不论是哪种类型，这个天蝎座个性独立，自己的事会自己处理，不假手他人。他做事踏实，对工作很认真投入，忙起来时经常从早到晚，适时的休息充电对其很重要。

朱莉亚·罗伯茨（Julia Roberts）、林熙蕾、宋逸民、焦恩俊、相声演员冯翊纲、好莱坞女星丽塔·威尔逊（Rita Wilson，汤姆·汉克斯的老婆）、烹饪节目主持人柯提斯·史东（Curtis Stone）等人，都是金星处女的天蝎座。

天蝎座＋金星天秤座

在你对自己的某个理想或者目标彻底绝望的时候，再撑一撑。

——柳岩

因为金星天秤的关系，这个天蝎座有两种类型，一种话多，一种话少。前者比一般的天蝎座爱聊，也很会找话题，在任何人面前都能侃侃而谈，比较健谈，也常是朋友间带头的人物。后者在不熟的人面前，话不多，但也不会害羞，要在比较熟的人面前，才会放得开，而且经常是一号表情，给人的初步感觉不是很好亲近的样子。

前者宜多跟人接触，多讲话，多交流，人面越广越好。后者低调，人际关系较被动，社交应酬勉强不来，工作形态宜在特定的领域，做好自己分内的事，不过因为对人的配合度高，自有贵人来找。

柳岩、张艺谋、陶晶莹、周慧敏、李志希、吴淡如、黄立成、寇家瑞、木村拓哉、聂云、刘雪华、时尚教父洪伟明、好莱坞影星马修·麦康纳（Matthew McConaughey）等人，都是金星天秤的天蝎座。

天蝎座＋金星天蝎座

当你在事业上遇到挫折，有"打退堂鼓"的念头时，你应该加以注意，这是最危险的时候！——比尔·盖茨（Bill Gates）

因为金星天蝎的关系，这个天蝎座有两种类型。一种是掌控欲比较强，脾气比较大，说话也比较直，对于在意的事会一直盯着，以免没按着自己的意思进行。另一种个性比较温和，不大会对人说不，对人的配合度比较高。

这个天蝎座要比其他天蝎座更要求完美，更在意别人是怎么看他的，只要是他决定做的事，必定是全心全意地投入，做到让人没话说。

这个天蝎座更重感情，家人不说了，他对朋友也很够意思，很仗义，能帮的忙会尽量帮。这个天蝎座的每个人生阶段都会结交几个死党哥们儿，常聚在一块，互通声息，互相帮忙，偶尔也会闹点不愉快。死党哥们儿是这个天蝎座不可缺少的生活重心，其中有的人会在适当的时机，对事业有所帮助，这个天蝎座人脉经营的重点是决不能忽视这些老关系（当然也包括家人）。

比尔·盖茨（Bill Gates）、黄晓明、海岩、音乐人高晓松、申雪、演员何琳、林依晨、苏慧伦、林青霞、赵雅芝、吴奇隆、阮经天、欧阳龙、何豪杰、和家馨、黄国伦、冯远征、陈升、唐治中、炎亚纶、曾馨仪、韩星全智贤、李泽楷、莱昂纳多·迪卡普里奥（Leonardo DiCaprio）、梅格·瑞安（Meg Ryan）、朱迪·福斯特（Jodie Foster）、黛米·摩尔（Demi Moore）、安妮·海瑟薇（Anne Hathaway）、威诺纳·赖德（Winona Ryder）、喜剧明星罗伯·施奈德（Rob Schneider）、玛丽娅·施瑞弗尔（Maria Shriver，美国前加州州长阿诺德的夫人）等人，都是金星天蝎的天蝎座。

其中苏慧伦、林青霞、赵雅芝、阮经天、吴奇隆、黄国伦、冯远征、陈升、欧阳龙、何豪杰、朱迪·福斯特、黛米·摩尔、梅格·瑞安、威诺纳·赖德、罗伯·施奈德等人的水星也是天蝎座，因此他们都是纯天蝎座的人。前述提到有关天蝎座的性格特征及人脉经营心法，对纯天蝎座的人而言会更强烈些。

天蝎座＋金星射手座

我的脸长和宽只差两公分，形状像圆规画出来的。大一时同学都叫我包子脸，现在越来越圆，大家都说像叉烧包，因为好像包子馅被挤出来了！——Selina

因为金星射手的关系，这个天蝎座喜欢出门，喜欢到处走走看看，只要出门心情就会变得比较好，至于他是爱玩型，会主动找人出门，还是被动型，习惯等熟人来约的，则是另当别论。

这个天蝎座出门就会花钱，不款待慰劳一下自己，他会觉得没玩尽兴，而且只要出门就会想在外头待久一点，多去几个地方，如果只是出门晃一下，或只在近处转一圈，对他而言，都不算出门，也就无法尽兴。

这个天蝎座性情直率，骨子里有喜欢新鲜事物，喜欢接受挑战的性格，职场上最好多接触新业务，新的项目，多跟与自己的背景、专业不一样的人交往，如果可能，多跟远方（异乡）人士往来，或是去异地工作，比较容易碰到贵人。

这个天蝎座有两种类型。一种是比较活泼大方，比较外向，比较会笑脸迎人；另一种则比较内向，比较内敛，经常是一号表情，或是面无表情。前者给人的感觉比较亲切随和，话也比较多，比其他天蝎座乐于讲自己的事，职场工作适合多跟人接触，多往外走，靠人缘吃饭；后者不善交际应对，也不喜欢应酬，适合居于幕后的工作，或是靠专业技能吃饭。

不论是哪一种类型，这个天蝎座对朋友很够义气，对家人也很好，能帮的忙会尽量帮，是不少人的贵人。

Selina、杨紫、阿Sa蔡卓妍、陈昭荣、易建联、怀秋、夏雨、萨日娜、台湾歌手林凡、趋势科技张明正、雅虎杨致远、威盛电子陈文琦、棒球运动员陈致远、蒂尔达·斯文顿（Tilda Swinton）、时尚天后安娜·温图尔（Anna Wintour）、超级销售员乔·吉拉德（Joe Girard）、配乐大师埃尼奥·莫里康（Ennio Morricone）、球王马拉多纳等人，都是金星射手的天蝎座。

天蝎座＋金星摩羯座

只要心在那儿，就不在乎过程是那么的难熬。——董卿

因为金星摩羯的关系，这个天蝎座要比其他天蝎座更能熬，个性更坚毅，只要是想做的事，再怎么样都会咬着牙度过去。这个天蝎座是个务实的人，比其他天蝎座更在意成就感，更想要过有质感的生活。他自我的要求高，很想力争上游，职场上会很努力，很投入，不怕辛苦，耐操劳。

这个天蝎座有两种类型。一种是比较沉稳的，另一种是比较率性的。前者不论经历什么样的压力，神色还是那样，像没事的样子，即使开心的时候，也没特别的开怀。后者情绪易上脸，不论开心还是生气难过时，表情都很明显。

不论哪种类型，这个天蝎座跟老关系很有缘，也就是以前曾是同一个圈子的人，如同学、同寝室、同一个社团、同事、业务往来过的人等，多少会跟他在职场（或家庭生活）上继续结缘，相互扶持，因此在经营人脉时，不妨多跟老关系保持联系。

这个天蝎座因为对工作比较投入，人际关系大都因工作而来，或是因工作伙伴的关系而认识别的圈子的人，求学阶段也有类似的情形。人脉经营的重点，应着眼于周遭平日经常互动的人，关系比较远的，就不必太费心。他跟周遭的人，多一个好交情，就多一份机会；多交恶一个人，就多一份危机，反映很立即也很现实。工作圈子里的人，不论他喜欢不喜欢，都是他首要关注的对象。

这个天蝎座买东西注重实用性跟质感，会精打细算，不会只因喜欢就出手。他做事跟买东西一样，注重质量，不会随随便便，因为不想坏了形

象，砸了招牌。这个天蝎座认为便宜没好货，也相信真正的好东西是持久耐用，历久不衰的。

这个天蝎座的上一代，曾跟亲友为了钱的事情闹不愉快，他本人对钱的事情也最好谨慎些，跟工作伙伴间，或是跟亲友间，只要是牵涉钱的，最好都谨慎处理，免得引发后遗症。

叶莉、董卿、余文乐、成克杰、蓝心湄、台湾艺人李千娜、旅日围棋棋士谢依旻、理查德·伯顿（Richard Burton，伊丽莎白·泰勒的前夫）、访谈节目主持人拉里·金（Larry King）、好莱坞制片Susan Levin（也是"钢铁"侠小罗伯特·唐尼的夫人）等人，都是金星摩羯的天蝎座。

天蝎座的人，出生时水星是什么星座，金星是什么星座，以下附了两张表，供出生在1950到1990年的天蝎座查询。

表一　不同水星星座的阳历出生日期

年	水星天秤	水星天蝎	水星射手
1950	10.24～10.27	10.28～11.14	11.15～11.22
1951	无	10.25～11.8	11.9～11.22
1952	无	10.24～11.1	11.2～11.22
1953	无	10.24～10.31 11.7～11.22	11.1～11.6
1954	无	10.24～11.4 11.12～11.22	11.5～11.11
1955	10.25～11.8	11.9～11.22	无
1956	10.24～10.31	11.1～11.18	11.19～11.22
1957	无	10.24～11.11	11.12～11.22
1958	无	10.24～11.4	11.5～11.22
1959	无	10.25～10.30	10.31～11.22
1960	无	10.24～11.22	无
1961	10.24～11.10	11.11～11.22	无
1962	10.24～11.4	11.5～11.22	无
1963	10.24～10.28	10.29～11.16	11.17～11.22
1964	无	10.24～11.8	11.9～11.22
1965	无	10.24～11.2	11.3～11.22
1966	无	10.24～10.30 11.13～11.22	10.31～11.12
1967	无	10.24～11.22	无

年	水星天秤	水星天蝎	水星射手
1968	10.24~11.8	11.9~11.22	无
1970	10.24~10.25	10.26~11.12	11.13~11.22
1971	无	10.24~11.6	11.7~11.22
1972	无	10.24~10.30	10.31~11.22
1973	无	10.24~11.22	无
1974	10.27~11.11	10.24~10.26 11.12~11.22	无
1975	10.24~11.6	11.7~11.22	无
1976	10.24~10.29	10.30~11.16	11.17~11.22
1977	无	10.24~11.9	11.10~11.22
1978	无	10.24~11.3	11.4~11.22
1979	无	10.24~10.30 11.18~11.22	10.31~11.17
1980	无	10.24~11.21	无
1981	10.24~11.9	11.10~11.22	无
1982	10.24~11.2	11.3~11.21	11.22
1983	10.24~10.26	10.27~11.14	11.15~11.22
1984	无	10.24~11.6	11.7~11.21
1985	无	10.24~10.31	11.1~11.22
1986	无	10.24~11.22	无
1987	11.1~11.11	10.24~10.31 11.12~11.22	无
1988	10.24~11.6	11.7~11.21	无
1989	10.24~10.30	10.31~11.17	11.18~11.22
1990	无	10.24~11.10	11.11~11.22

※不确定自己是什么星座的，可以上星吧网查询（xingbar.com.cn）。

表二　不同金星星座的阳历出生日期

年	金星处女	金星天秤	金星天蝎	金星射手	金星摩羯
1950	无	10.24~10.28	10.29~11.20	11.21~11.22	无
1951	10.25~11.9	11.10~11.22	无	无	无
1952	无	无	无	10.24~11.15	11.16~11.22
1953	无	10.24~11.11	11.12~11.22	无	无
1954	无	无	10.28~11.22	10.24~10.27	无
1955	无	无	10.25~11.5	11.6~11.22	无
1956	10.24~10.31	11.1~11.22	无	无	无

年	金星处女	金星天秤	金星天蝎	金星射手	金星摩羯
1957	无	无	无	10.24~11.5	11.6~11.22
1958	无	10.24~10.27	10.28~11.20	11.21~11.22	无
1959	10.25~11.9	11.10~11.22	无	无	无
1960	无	无	无	10.24~11.15	11.16~11.22
1961	无	10.24~11.11	11.12~11.22	无	无
1962	无	无	10.24~11.22	无	无
1963	无	无	10.24~11.5	11.6~11.22	无
1964	10.24~10.31	11.1~11.22	无	无	无
1965	无	无	无	10.24~11.5	11.6~11.22
1966	无	10.24~10.26	10.27~11.19	11.20~11.22	无
1967	10.24~11.9	11.10~11.22	无	无	无
1968	无	无	无	10.24~11.14	11.15~11.22
1969	无	10.24~11.10	11.11~11.22	无	无
1970	无	无	10.24~11.22	无	无
1971	无	无	10.24~11.4	11.5~11.22	无
1972	10.24~10.30	10.31~11.22	无	无	无
1973	无	无	无	10.24~11.5	11.6~11.22
1974	无	10.24~10.26	10.27~11.19	11.20~11.22	无
1975	10.24~11.9	11.10~11.22	无	无	无
1976	无	无	无	10.24~11.14	11.15~11.22
1977	无	10.24~11.9	11.10~11.22	无	无
1978	无	无	10.24~11.22	无	无
1979	无	无	10.24~11.4	11.5~11.22	无
1980	10.24~10.30	10.31~11.21	无	无	无
1981	无	无	无	10.24~11.5	11.6~11.22
1982	无	10.24~10.25	10.26~11.18	11.19~11.22	无
1983	10.24~11.9	11.10~11.22	无	无	无
1984	无	无	无	10.24~11.13	11.14~11.21
1985	无	10.24~11.9	11.10~11.22	无	无
1986	无	无	10.24~11.22	无	无
1987	无	无	10.24~11.3	11.4~11.22	无
1988	10.24~10.29	10.30~11.21	无	无	无
1989	无	无	无	10.24~11.4	11.5~11.22
1990	无	10.24~10.25	10.26~11.18	11.19~11.22	无

※不确定自己是什么星座的，可以上星吧网查询（xingbar.com.cn）。

射手座

11.23~12.21

射手座的性格特征

人生不设限

他跟一般人一样，会踢球，会打字，会游泳，会滑板，会踢足球，会打高尔夫球，会冲浪，而且也拿到了学士学位。但尼克·武伊契奇（Nick Vujicic，射手座）出生时没有双臂，没有双腿，而他17岁起便开始到世界各地演讲。

射手座是个容易乐观的人。看得开，不会钻牛角尖儿是原因之一，另一个主要原因是他习惯往对他好的方向想事情，哪怕是一相情愿他也觉得开心。一件事情，他习惯先看到让他兴奋、对他有利的一面，至于其他不好的，可能有副作用或后遗症的，他比较不在意。创办公益组织"Life Without Limbs（没有四肢的生命）"的尼克（射手座），觉得"人生最可悲的并非失去四肢，而是没有生存希望及目标。人们如果只记挂着想拥有或欠缺的东西，而不去珍惜所拥有的，那根本改变不了命运！"

射手座习惯往前看，看事情习惯从大处着眼，不会陷在负面情绪里太久，也不会无端地自寻烦恼给自己找麻烦。他喜欢体验人生，一有机会便想增广见闻，体验不同的经历。对射手座而言，人生有太多值得追寻及尝鲜的事物，如果不能好好探索，会觉得很可惜。"读万卷书不如行万里路"是射手座的座右铭，但要行万里路，要追寻各种可能，得先有自由，没有自由一切免谈。

喜欢体验，到处看看

纸上得来终觉浅，绝知此事要躬行。——陆游

射手座生性不太安分，喜欢尝鲜，喜欢做不一样的事，喜欢去不一样的地方。射手座像是心里住着一个精灵，永远想来点不一样的体验，想搞点突破，想搞点变化，不愿自己就此过着定型的生活。

射手座喜欢亲身体验，听别人讲哪里多好玩，他就想亲自走一趟；听别人讲哪个东西好吃，他也想亲自尝一次；听别人讲哪个东西有效，他也会想用一下；听别人讲哪个人（或风景）好看，他也会想一睹真面目。

纸上谈兵，光讲不做这事，不是射手座的行事风格。他好奇的事，他想做的事，一旦有机会他就会去接触。自己不亲自走一遭，怎么会知道到底是怎么回事？射手座对很多事都愿意尝试，不会先入为主的推拒，有时会冲动，会思考不周，但不会就此减少他对世事的好奇。对射手座而言，跌倒了顶多拍拍身上的灰，或是擦个药，之后还是会继续上路。

射手座喜欢到处看看，尤其是比较远的地方，或是平常没什么机会去的地方，特别吸引他。射手座不见得各个都爱热闹，但是比较开阔、比较不拥挤的地方，较能满足他求自在的个性。

爱自由，不喜束缚

自由就是这样的东西，不给别人你自己也无法得到。

——美国作家威廉·怀特

没人喜欢被管，射手座也不例外，不过射手座的不喜束缚，才是他的行事准则。射手座做任何事，都不喜欢束手束脚、被规范得很细。他喜欢有自由的空间，随自己的意思把事情做好，不喜欢有人指指点点的，或动辄纠正他。射手座比较随性，自己是个怎样的人，就怎样，不会硬要自己改变什么，做事也一样，觉得怎么做比较好，就怎么做，规矩若多了会觉得窒息。

对于人际关系，射手座也不喜欢束缚。一份工作，即使待遇比较好，但是如果规矩多，不自由，或是得牺牲其他的自由，射手座会考虑放弃。一个关系（尤其是两性关系），如果得妥协不少事，得屈从对方的生活习惯，或是屈从对方家人的要求，射手座会考虑割舍。射手座不怕忙碌，不怕承担责任，但是如果束缚太多，掣手掣肘的人太多，射手座会挣脱。

自在，不拘小节

大行不顾细谨，大礼不辞小让。——《史记》

射手座不喜欢受拘束，小时候也许还管得住，等到大了，受到的约束力少了之后，骨子里爱动、爱玩、爱尝试新鲜事物的基因就会苏醒，生活的接触面会变得开阔许多。

职场里方方条条的规矩，射手座不见得如实照着做，他会看情形，如果觉得麻烦，或是觉得有更灵活的方法，他会看情形弹性调整。射手座做事，喜欢在比较大的原则之内，有弹性发挥的空间，不喜欢被限制得很死。他跟人的互动方式也是如此，喜欢自在，不需要太多的规矩，觉得哪种方式比较自在，就选择哪种方式，没有一定要怎样。太规矩的人，太拘谨的人，讲究多的人，会让射手座觉得别扭，相处很不自在。

凡是射手座觉得不是很重要，不值得费心思的小事，他会简单略过，宁可花心思在重要的事情上。射手座做事的态度，比较在意的是大的原则，大的方向，只要原则方向没问题，细节如何，他很有弹性。射手座在工作岗位上，在人际互动上，很怕碰到婆婆妈妈，死脑筋，拘泥不化，繁文缛节，墨守成规的情形，久了他会受不了。

直爽，不善掩饰

坦白直爽最能得人心。——巴尔扎克

不拘小节，讨厌别扭麻烦的射手座，表达方式比较直接，想说什么就直接说，不喜欢拐弯抹角地说话。会得罪人，或是不讨喜的话，射手座顶多不说，至于其他想说的，他会直接表达，不会绕圈子，不会语焉不详，不会冠冕堂皇，也不会闷不吭声。射手座是个响应利落的人，谁跟他讲话，他会响应，而且是用浅白易懂的方式响应，他做事不喜欢拖泥带水，讲话也是。

不是多大的事，射手座不太计较，也不会想太久，该决定的决定，该给的给，该怎么做就怎么做，不会来回琢磨。射手座不是不会想，只要事情没给他带来多大的麻烦，或是没什么好想的，只要小小的举措就能摆平了结的事，他很爽快。射手座不喜欢事情变复杂，一个心思如果跟他纠缠着，他会烦，若能早点了结就早点了结，好接着忙别的。

射手座的人脉经营心法

心直但别口快

那英（射手座）因没带演出服，请交警开道返回取衣，因一句"交警这时不用啥时用啊"，引发微博论战。

射手座生性直率，常常以直截了当的方式说出自己的想法。虽然个性坦白，容易跟人建立交情，但不喜欢拐弯抹角的个性，如果又比较粗枝大叶，就容易在不经意间惹人侧目，或是因考虑不周而惹上麻烦。

要爽快的射手座改变天性，这有点勉强，但射手座可以练习私下直白爽快就行，在不熟的人面前，可以少讲些，响应别太快，由"内外有别"入门，渐渐地就能避免口快惹麻烦。

求新才能变

因为李小龙（射手座），截拳道的中文名称出现了"Kung Fu（功夫）"一词写进了英文辞典。

她掀起了一阵名模旋风，学者统称为"林志玲现象"，但林志玲（射手座）不只走台步，接代言，她也拍电影，拍电视。

射手座有颗驿动的心，一生中做的事不会就此定型，生活形态不会就此定型，甚至连居住地点也不会就此不动。只要有机会，他就会想变，想来点新的尝试。射手座的人际关系，也就在这驿动之中，经常有些变化，对他有帮助的人，也因而会陆续地出现。

射手座不能是个太宅的人，他要常常走出去，常常接触不一样的东西，才能碰到自己的机遇。不太一样的事物吸引射手座，不太一样的人也吸引射手座，射手座的人脉圈，不能太单纯一致（例如都是同学，都是同事，或都是从事同样工作的人），他要常接触形形色色、各式各样的人，才能为自己建造好的人脉网络。

射手座的性格是，如果走进死胡同，或是一条路走不通了，就得换另一条路走。有新的东西，射手座的机遇就会起变化，太执著、太固执的射手座，变化不出人生丰富的风景。

不想被管，就别粗心大意

粗心大意是犯错误的亲戚。——民间谚语

自由是射手座的人生养分，束缚如同宣判射手座的人生发展受限。某个人际关系是否该建立（例如两性、婚姻、雇佣等），射手座可以自己决定，但在工作岗位上，射手座是否常被约制，取决于是否常出状况。

射手座不拘小节，比较随性的处世态度，如果也用于工作岗位上时，便容易粗心，容易大意，次数多了，或惹祸了，叮咛、盯、催将随时伺候，如此便可能走进对射手座不利的恶性循环；不自由就没动力，没动力就不进取，不进取就不能扩大人脉圈，如此将折丧射手座的无穷潜力。

大处着眼，小处仍藏恶魔

魔鬼藏在细节里。——富士康厂区标语

射手座在决定做一件事之前，习惯先把几个重点确定好，重点没问题了，细节他比较无所谓。不是射手座不在意细节，而是他觉得细节不影响大局，细节比较有弹性，可以边走边瞧，边做边修正。

射手座做事习惯尽早动手，然后边走边调整，边做边学习，如果一切顺利，那很好；如果碰到问题，那就再说。胆大心细的射手座并不多见，比较多的是粗率、随兴行事的射手座。

射手座不计较小事，基本上是个不错的个性，但还是要看情形。对人可以不计较，可以大方大器一点，但对事情就得谨慎些，因为细节是可以坏了整个好想法的。射手座有想法，有远见，有见识，但最好也注意细节。采取行动前，若能想久一点，想清楚一点，就不会在边走边瞧的过程中，因屡有冒失而被人嫌，破坏了他人对自己最初的好感。

别想太多，就一切OK

"最年轻的第一美女主播"，这个名号曾为她带来嫉妒及非议。不过她看开了，不会因别人说她"假"而受伤，因为她知道她是出于真诚的礼貌跟人互动，虽然曾试图修正态度，假装不热情，刻意与人保持距离，但如此做反而让侯佩岑（射手座）觉得这样才是真的假。

别想太多，不是指任何事都别想太多，不是跟前述注意细节的心思相矛盾，而是指不要钻牛角尖，要懂得释怀。

射手座天生有容易看得开的个性，这跟他凡事向前看，不愿原地踏步的心态有关。射手座知道，如果被某个情绪绑架太久，他就会变得不自由，与其如此，还不如早点挣脱，早点释怀，接着就可以去干点别的。

自由是射手座的护身符，沉溺在某个情绪太久（尤其是负面的），射手座会越过越不开心。只要早点走出去，早点自由，射手座就会发觉，希望回来了，一切变得OK了。

跟热心肠的人有缘

她21岁参加通俗歌手大奖赛，虽没夺冠，但在后台被名师收下当学生，留在北京发展，正式踏上歌坛。收下那英（射手座）的女作曲家谷建芬老师，年轻的时候就立志要将歌唱到人民的生活里去，到了七十几岁，还在为保护著作权人合法权益而奔走呼吁着。

射手座为什么跟热心肠的人有缘？这事得从射手座的父母讲起。射手座小的时候，家里有位长辈（父母，或其他亲人），比较鸡婆，比较会关切搭理别人家的事，即使自己已经很忙了，但只要别人有事，他（她）就会热心起来，能给建议的给建议，能帮点什么的帮点什么，有时比当事人还来劲儿。

射手座若想在人脉圈中、在生活周遭，发掘可能的贵人，不妨多注意这样的人，不论那人是领导，是同事，是往来客户，还是没工作关系的其他亲朋好友。这样的人爱跟人闲扯闲聊，当然对别人的事也就很热心；这样的人，要比其他人有较大的可能，为射手座带来好的机遇。

也跟独善其身的人有缘

29岁出道没多久的他，主演了著名导演的影片，也正是这位明星出身的导演罗伯特·雷德福（Robert Redford），让布拉德·皮特（Brad Pitt，射手座）从偶像明星成长为真正的演员，进了好莱坞的大门。罗伯特喜爱大自然，不爱光影生活，没事时就徜徉在青山绿水中，还在1981年设立了崇尚独立制片精神的圣丹斯电影学院（Sundance Institute），一个不同于好莱坞的艺术竞技场。

射手座既已跟热心肠的人有缘，为何跟独善其身的人也有缘？原因跟前述亲人效应一样，也就是射手座小的时候，有位长辈（可能是父母中的另一人，或是其他亲人）不爱管别人家的闲事，只管顾好自己的事，可能连家人（包括射手座本人）也很少管。

独善其身的人，喜欢跟人保持友善的距离，本分地做好自己的事，过自己的好日子就行，不大跟人搅和事情，不必要的应酬也不大参加，平常维持着比较单纯的人际关系，往来互动的人也很固定。这样的人，不干涉过问别人的事，不爱给自己找麻烦，平常忙的都是那几件固定的事。

这种特质的人虽然对人际关系比较被动，人际交流比较少，但射手座不妨也多留意身边这样的人，保持好关系，说不定在适当的时间，会得到关键性的帮助。

8种不一样的射手座

每年11月23日到12月21日出生的人，都是射手座，但不是每个射手座都是一样的个性，人脉经营的诀窍也因而有些不一样。这是因为在这段时间，只是天上的太阳在射手座，但影响一个人表达方式比较大的水星，不一定在射手座，而影响一个人喜怒好恶比较大的金星，这段时间也不一定在射手座。

射手座的人，出生时的水星星座一定是天蝎座、射手座、及摩羯座这3种之一，不会是别的。就像是玩拼图一样，不把射手座的水星星座也纳进来，组合不了这个人完整的个性。

射手座＋水星天蝎座

以无法为有法，以无限为有限。——李小龙的座右铭

因为水星天蝎的关系，这个射手座要比其他射手座多了份专注，比较能专心一意的在一件事情上，同时也喜欢追根究底，非要把不懂的东西搞懂为止。这个射手座不喜欢说谎，也不善于说谎，他只要说了夸大不实的话，很容易被人看出来。他也因而不喜欢别人招摇、虚假、不诚实，他很难跟这样的人交往。

因为水星天蝎的关系，这个射手座有两种类型。一种是心直口快型的，另一种则比较冷静。前者想说啥说啥，情绪来时会讲气话，说教起人来比较"辛辣"，这在人际关系上要特别注意避免。后者比较冷静，会看情形做反应，比较能忍，情商较高，人际关系也比较圆融。

李小龙、那英、林志玲、陈红、导演何念、赖雅妍、韩瑜、林苇茹、香港艺人林峰、宋慧乔、物理学教授朱经武、好莱坞影星朱丽安·摩尔（julianne moore）等人，都是水星天蝎的射手座。

射手座＋水星射手座

如果不帅，长相安全，不花心也是优点。——黄海波

因为水星射手的关系，强化了这个射手座比较直率，有主见，喜欢思考的性格。这个射手座的成长过程中，会搬迁好几次，住过好几个地方。

这个射手座有两种类型。一种是常出门的，不论是因为工作，还是跟朋友聚聚，在外头的应酬或碰头会比较多；另一种生活比较单纯，不大出门，也不爱应酬。前者符合射手座走出去的基本性格，人面较广，人生机遇比较多；后者不善交际，兴趣也不广，固定喜欢那几样，人面较固定，碰对人，或是有人从旁协助，对其事业相对重要些。

刘嘉玲、蔡琴、侯佩岑、张涵予、黄海波、房祖名、周韵、翁家明、王彩桦、孙翠凤、作家袁琼琼、许慧欣、梁赫群、殷琦、韩星张紫妍、好莱坞华裔女星刘玉玲、日本制作人小室哲哉、欧美流行天后小甜甜布兰妮（Britney Spears）、励志演讲家尼克·武伊契奇（Nick Vujicic）、好莱坞女星凯瑟琳·海格尔（Katherine Heigl）、凯蒂·赫尔姆斯（Katie Holmes，汤姆·克鲁斯的夫人）等人，都是水星射手的射手座。

射手座＋水星摩羯座

珍惜生活，上帝还让你活着，就肯定有他的安排。——冯巩

因为水星摩羯的关系，增添了这个射手座择善固执的个性，只要是好的，对的，有道理的，他就信服，并坚持下去。虽然喜欢接受挑战，但这个射手座比较谨慎，需要时间思考，做好充分的心理准备，想清楚了才会行动。

这个射手座有两种类型。一种是行事看心情，心情好时很好沟通，很多事都不计较；心情不好时，看事情容易不顺眼。另一种是脾气比较好，意见不多，无论何时都好说话。前者的人际互动要看心情，心情好时很有魅力，能言善道，而控制自己的情绪，是这人的人生课题。后者比较好沟通，好相处，不会硬要怎么样，对不好的事容易释怀，人际关系一向不错，人生的好机缘、贵人也比较多。

冯巩、蔡琴、张菲、杨谨华、刘美君、陈凯伦、日本皇太子妃雅子、日星加藤小雪、好莱坞影星布拉德·皮特（Brad Pitt）、女星米拉·乔沃维奇（Milla Jovovich）等人，都是水星摩羯的射手座。

射手座的人，他的金星星座一定是天秤座、天蝎座、射手座、摩羯座、水瓶座这5种之一，不会是别的。金星星座影响一个人的喜怒好恶，如果不把射手座的金星星座也考虑进来，难以知道他跟人相处的全貌。

射手座＋金星天秤座

我的座右铭？没心没肺的好好活着吧！——那英

因为金星天秤的关系，让原本不太计较小事的射手座，显得有点大大咧咧的，至于他是否什么事都含糊，则不一定。

这个射手座在熟人面前变得多话，天南地北的什么都能聊，在认识的人之间人缘不错，比较能得到他人的好感。他爱跟朋友分享生活点滴，喜欢叙旧，勾起感兴趣的话题时，话匣子一开经常没完没了。他跟朋友一块吃东西时，话会特别多，天南地北都是可以聊的话题，越是轻松的场合，他越健谈。

这个射手座的人际网络，经常是一个串一个的，越张越广。虽然他在不太熟的人面前，话比较少，可是一回生两回熟，没多久就能跟人聊开了。这个射手座的人脉经营战略就是多跟人接触，而且在能吃点东西，能喝点什么的场合更是要多多把握，很多好的关系就是这样建立的。

这个射手座的异性缘多半不错，不一定涉及男女关系，只要是异性，如异性的亲戚、同学、朋友、客户、同业、同僚、领导、下属等，很容易在这些人之中，碰到与自己投缘，共事有默契的。这样的异性，也应该视为贵人，迟早对自己的事业发展有帮助。

那英、房祖名、主持人张菲、殷琦等人，都是金星天秤的射手座。

射手座＋金星天蝎座

我哥哥常说我是他妈妈，没有我就没有他，他这样说，我就很感动了！

——15岁一肩扛起家计的王彩桦

因为金星天蝎的关系，这个射手座要比其他射手座来得执著，有比较坚毅的个性，对于已经决定的事，会全心全意地投入，很认真。

这个射手座有两种类型。一种是掌控欲比较强，脾气比较大，说话也比较直，对于在意的事会一直盯着，以免没按着自己的意思进行。另一种个性比较温和，不大会对人说不，对人的配合度比较高。

不论是哪种类型，这个射手座重感情，对家人、朋友很够意思，能帮的忙会尽量帮。这个射手座的每个人生阶段都会结交几个死党哥们儿，彼此常聚在一块，互通声息，互相帮忙，偶尔也会闹点不愉快。死党哥们儿是这个射手座不可缺少的生活重心，其中有的人会在适当的时机对事业有所帮助，这个射手座人脉经营的重点是决不能忽视这些老关系。

台湾谐星王彩桦、李小龙、导演何念、刘美君、侯佩岑、周韵、歌手许慧欣、好莱坞女星凯瑟琳·海格尔（Katherine Heigl）、凯蒂·赫尔姆斯（Katie Holmes，汤姆·克鲁斯的夫人）、女星米拉·乔沃维奇（Milla Jovovich）等人，都是金星天蝎的射手座。

射手座＋金星射手座

认为自己不够好，这是最大的谎言。认为自己没价值，这是最大的欺骗。

——尼克·武伊契奇（Nick Vujicic）

因为金星射手的关系，强化了这个射手座喜欢出门，喜欢到处走走看看的个性，只要出门他的心情就会变得比较好，至于他是爱玩型，会主动找人出门的，还是被动型，习惯等熟人来约的，则是另当别论。

这个射手座出门就会花钱，不款待慰劳一下自己，他会觉得没玩尽兴，而且只要出门就会想在外头待久一点，多去几个地方，如果只是出门晃一下，或是只在近处转一圈，对他而言，都不算出门，也就无法尽兴。

这个射手座更喜欢新鲜事物，更喜欢接受挑战，职场上最好多接触新业务、新的项目，多跟与自己的背景、专业不一样的人交往，如果可能，多跟远方（异乡）人士往来，或是去异地工作，比较容易碰到贵人。

这个射手座有两种类型。一种比较活泼大方，比较外向，比较会笑脸迎人；另一种是比较内向，比较内敛，经常是一号表情，或是面无表情。前者给人的感觉比较亲切随和，话也比较多，在职场中适合多跟人接触，多往外走，靠人缘吃饭；后者不善交际应对，也不喜欢应酬，适合居于幕后的工作，或是靠专业技能吃饭。

无论是哪一种类型，这个射手座对朋友很够义气，对家人也很好，能帮的忙会尽量帮，是不少人的贵人。

励志演讲家尼克·武伊契奇（Nick Vujicic）、林志玲、杨谨华、张涵予、围棋国手孔杰、作家袁琼琼、韩星张紫妍、日本制作人小室哲哉等人，都是金星射手的射手座。其中尼克、张涵予、孔杰、袁琼琼、张紫妍的水星也是射手座，所以他们是纯射手座的人。前述提到有关射手座的性格特征及人脉经营心法，对纯射手座的人而言会更强烈些。

射手座＋金星摩羯座

> 自己选择45°仰视别人，就休怪他人135°俯视着看你。——冯巩

因为金星摩羯的关系，这个射手座不见得个个都爱玩，都爱尝试新花样，他们会分成两种类型。一种是比较爱玩，比较调皮，喜欢出门，尤其是年少时；另一种是比较宅，不大会玩，除非是有人带。前者人面较广，比较善于交际，不论是年少时的玩伴，还是年长后结识的，方方面面的人

物都认识一些；后者的人际圈比较单纯，固定往来的就那几个，没事的时候就待在家里。

不论是哪种类型，这个射手座的个性比较务实，看重实际的东西，如头衔、稳固的关系、钱财等，面临抉择时，会理性思考。他自我的要求高，很想力争上游，很想要过有质感的生活，职场上会很努力，不怕辛苦，耐操劳。

这个射手座跟老关系有缘，也就是以前曾是同一个圈子的人，如同学、同寝室、同一个社团、同事、业务往来过的人等，多少会跟他在职场（或家庭生活方面）中继续结缘，相互扶持，因此在经营人脉时，不妨多跟老关系保持联系。

这个射手座买东西注重实用性跟质感，会精打细算，不会只因喜欢就出手。他做事跟买东西一样，注重质量，不会随随便便，因为不想坏了形象，砸了招牌。这个射手座认为便宜没好货，也相信真正的好东西是持久耐用，历久不衰的。

这个射手座的上一代，曾跟亲友因为钱的事情闹不愉快，他本人对钱的事情也最好谨慎些，跟工作伙伴间，或是跟亲友间，只要是牵涉钱的，最好都谨慎处理，免得有后遗症。

冯巩、黄海波、翁家明、孙翠凤、赖雅妍、韩瑜、林苇茹、著名教授朱经武、催眠师徐明、主持人梁赫群、日本皇太子妃雅子、好莱坞华裔女星刘玉玲、流行天后小甜甜布兰妮（Britney Spears）、好莱坞影星布拉德·皮特（Brad Pitt）、女星朱丽安·摩尔（Julianne Moore）等人，都是金星摩羯的射手座。

射手座＋金星水瓶座

有空照镜子时，最好客观地分析自己，顺便结算一下，你的行为中错了多少？做对了多少？内在外在一齐检讨，慢慢地你会变得更认识自己，进而变成更自信，体恤别人。——蔡琴

因为金星水瓶的关系，强化了这个射手座想要出去逛逛看看、想要多

方体验的个性。他更在意自由不受拘束的感觉，从事的工作必须有相当的自主性，事情怎么做，可以看情形自行决定，不需事事请示。

这个射手座在人前是友善的、亲切的，有吸引人亲近的特质，但是他其实不太喜欢别人没事常找他、黏他，要是在他耳边絮叨更是不可以。他喜欢保有私人的空间，工作跟生活分得很清楚；人前怎么谈笑，怎么忙都行，但是要有私人的自由空间。

这个射手座天生容易碰上跟自己的个性、脾气、专长很不一样的人，在跟人交往时，除了前述贵人的特质外，不妨也多注意跟自己有这样差别的人，会发觉彼此满容易投缘的。

这个射手座如果是个女的，要比是个男的有较多元的兴趣跟爱好。男的射手座，经常跟固定的朋友聚会，老去同样的地方，做固定的消遣，聊固定的话题，可能连吃的东西也比较固定。反观射手女，人面则会比较多元，出门去的地方比较有变化，做的消遣比较有变化，跟人聊的话题比较多元有趣，饮食也比较会变换口味。

蔡琴、刘嘉玲、陈红、歌手林晓培、艺人王少伟等人，都是金星水瓶的射手座。

射手座的人，出生时水星是什么星座，金星是什么星座，以下附了两张表，供出生在1950年到1990年的射手座查询。

表一　不同水星星座的阳历出生日期

年	水星天蝎	水星射手	水星摩羯
1950	无	11.23～12.4	12.5～12.22
1951	无	11.23～12.1 12.13～12.22	12.2～12.12
1952	无	11.23～12.21	无
1953	11.23～12.10	12.11～12.21	无
1954	11.23～12.4	12.5～12.22	无
1955	11.23～11.27	11.28～12.16	1217～12.22
1956	无	11.23～12.8	12.9～12.21
1957	无	11.23～12.2	12.3～12.21
1958	无	11.23～12.22	无

年	水星天蝎	水星射手	水星摩羯
1959	11.26～12.13	11.23～11.25 12.14～12.22	无
1960	11.23～12.7	12.8～12.21	无
1961	11.23～11.30	12.1～12.21	无
1962	11.23	11.24～12.12	12.13～12.22
1963	无	11.23～12.6	12.7～12.22
1964	无	11.23～11.30 12.17～12.21	12.1～12.16
1965	无	11.23～12.21	无
1966	无	11.23～11.30 12.12～12.22	12.1～12.11
1967	11.23～12.5	12.6～12.22	无
1968	11.23～11.27	11.28～12.16	12.17～12.21
1969	无	11.23～12.9	12.10～12.21
1970	无	11.23～12.3	12.4～12.22
1971	无	11.23～12.22	无
1972	11.30～12.12	11.23～11.29 12.13～12.21	无
1973	11.23～12.8	12.9～12.21	无
1974	11.23～12.2	12.3～12.21	12.22
1975	11.23～11.24	11.25～12.13	12.14～12.22
1976	无	11.23～12.6	12.7～12.21
1977	无	11.23～12.1	12.2～12.21
1978	无	11.23～12.22	无
1979	11.23～12.12	12.13～12.22	无
1980	11.22～12.5	12.6～12.21	无
1981	11.23～11.28	11.29～12.17	12.18～12.21
1982	无	11.23～12.10	12.11～12.22
1983	无	11.23～12.4	12.5～12.22
1984	无	11.22～12.1 12.8～12.21	12.2～12.7
1985	无	11.23～12.4 12.13～12.21	12.5～12.12
1986	11.23～12.9	12.10～12.22	无
1987	11.23～12.3	12.4～12.22	无
1988	11.22～11.25	11.26～12.14	12.15～12.21
1989	无	11.23～12.7	12.8～12.21
1990	无	11.23～12.1	12.2～12.21

※不确定自己是什么星座的，可以上星吧网查询（xingbar.com.cn）。

表二 不同金星星座的阳历出生日期

年	金星天秤	金星天蝎	金星射手	金星摩羯	金星水瓶
1950	无	无	11.23~12.14	12.15~12.22	无
1951	11.23~12.7	12.8~12.22	无	无	无
1952	无	无	无	11.23~12.10	12.11~12.21
1953	无	11.23~12.5	12.6~12.21	无	无
1954	无	11.23~12.22	无	无	无
1955	无	无	11.23~11.29	11.30~12.22	无
1956	11.23~11.25	11.26~12.19	12.20~12.21	无	无
1957	无	无	无	11.23~12.6	12.7~12.21
1958	无	无	11.23~12.14	12.15~12.22	无
1959	11.23~12.7	12.8~12.22	无	无	无
1960	无	无	无	11.23~12.10	12.11~12.21
1961	无	11.23~12.4	12.5~12.21	无	无
1962	无	11.23~12.22	无	无	无
1963	无	无	11.23~11.29	11.30~12.22	无
1964	11.23~11.24	11.25~12.19	12.20~12.21	无	无
1965	无	无	无	11.23~12.7	12.8~12.21
1966	无	无	11.23~12.13	12.14~12.22	无
1967	11.23~12.7	12.8~12.22	无	无	无
1968	无	无	无	11.23~12.9	12.10~12.21
1969	无	11.23~12.4	12.5~12.21	无	无
1970	无	11.23~12.22	无	无	无
1971	无	无	11.23~11.28	11.29~12.22	无
1972	11.23~11.24	11.25~12.18	12.19~12.21	无	无
1973	无	无	无	11.23~12.7	12.8~12.21
1974	无	无	11.23~12.13	12.14~12.22	无
1975	11.23~12.6	12.7~12.22	无	无	无
1976	无	无	11.23~11.30	12.1~12.9	12.10~12.21
1977	无	11.23~12.3	12.4~12.21	无	无
1978	无	11.23~12.22	无	无	无
1979	无	无	11.23~11.28	11.29~12.22	无
1980	11.22~11.23	11.24~12.18	12.19~12.21	无	无
1981	无	无	无	11.23~12.8	12.9~12.21
1982	无	无	11.23~12.12	12.13~12.22	无
1983	11.23~12.6	12.7~12.22	无	无	无

年	金星天秤	金星天蝎	金星射手	金星摩羯	金星水瓶
1984	无	无	无	11.22～12.8	12.9～12.21
1985	无	11.23～12.3	12.4～12.21	无	无
1986	无	11.23～12.22	无	无	无
1987	无	无	11.23～11.27	11.28～12.22	无
1988	11.22～11.23	11.24～12.17	12.18～12.21	无	无
1989	无	无	无	11.23～12.10	12.11～12.21
1990	无	无	11.23～12.12	12.13～12.21	无

※不确定自己是什么星座的，可以上星吧网查询（xingbar.com.cn）。

摩羯座

12.22~1.20

摩羯座的性格特征

对事情有耐性

连续48小时对一般人而言，会疲累，会变得焦虑，但是对她却很神奇，越到夜晚越美丽。导演王家卫形容巩俐（摩羯座）拍戏时的表现，"就像花时间等待一朵美丽的花盛放……"

摩羯座对人不一定有耐性，但肯定对事情有耐性。别人不愿做的事，或是别人做不来的事，只要交给摩羯座，他都会去做。做得好不好还在其次，但摩羯座不排斥事情，凡事到了他头上，他都会认真地去做。一般人总喜欢做自己爱做的事，摩羯座也一样，但若不是自己喜欢的事，他也不会逃避，照样尽心尽力地做。

从报幕员到话剧演员，从话剧演员到影视演员，从影视演员再到导演，还有晚会主持等诸多领域的跨越，张国立（摩羯座）的"嗜好"，就是不断地工作。

她15岁那年，进了业余小剧团，没多久团里常演的剧目她都会演唱。戏中每个人物的唱词她都能一句不落地背下来，而团里不管是谁有事无法演出，她都能上去补缺，什么角色都演过，演谁像谁，因此阎学晶（摩羯座）那时候有个外号叫"戏耙子"。

摩羯座有闲不下来的个性，喜欢有事做的感觉，即使不是多大的事，比如出去跟人聚聚，对他也都算是事情。如果摩羯座手头没事可忙，他就会觉得不踏实，感觉没好好利用时间。很多人都有闲不下来的个性，不过有的人会一边忙，一边嘀咕，抱怨这抱怨那，甚至是事情做了一半之后，因种种原因不做了，但摩羯座不会。

摩羯座对事情很有耐性，以完事、把事情做好为目标，不会因为心情影响做事的态度。摩羯座是个目标导向的人，只要给他一个任务，给他一个目标，不论花多少时间，花多少心力，不论过程中是否有影响心情的事，他都会耐着性子把事情做完。

摩羯座有着"做一天和尚撞一天钟"的敬业态度，做什么像什么，分内的事不会推诿塞责，也不会浑水摸鱼，即使不喜欢、不情愿，也会先做完再说。工作岗位上，任何事他都可以做，也愿意学习。摩羯座的抗压能力强，碰到难关了、碰到瓶颈了，即使有情绪，他也会静下心来，耐着性子，一步一步地解决。随着年岁的增长，摩羯座会积累不少克服困难的经验，能力越来越强，越来越干练，也越来越有自信。

事情不做一半的

2002年，75岁的她参与了一部大型历史剧的演出，剧中大量的文言文，让1956年便移民美国的她觉得有些拗口。但为了顺应《乾隆王朝》剧情的需要，卢燕（摩羯座）坚持不改动台词，每天念诵一两首唐诗宋词来训练自己的台词表达能力。

摩羯座有着耐操劳的个性，只要是该他做的，该他负责的，再怎么样也会把事情完成，不会半途而废。摩羯座不会让自己的事，留个尾巴丢给别人收拾，反而是别人不管了，他撑着把事情完成还比较可能。摩羯座有着要么不做，要做就要做好的个性，不会虎头蛇尾，事情只做一半。

事情只要跨出一步，动了起来，摩羯座便不会罢手，有非要搞好的坚毅态度。不只是做完，还要做到好，而事情该怎么做，该怎么要求的，摩羯座不会打折，碰到问题会找方法克服，宁可辛苦点，也不牺牲质量。

摩羯座相信"一分耕耘，一分收获"的道理。他相信，事情只要有努力、有付出，就会有成绩，哪怕成绩只是一点点，但积少成多，一步一步来，迟早有一天会达到自己满意的目标。

摩羯座是个重视结果的人，不管开头、不管过程，只要事情没做成，目的（标）没达到，一切对他都是空的。摩羯座重视执行，因为执行可以确保结果，他不会只画大饼，不会只动嘴皮子，他相信真才实学才是王道。摩羯座一生的历练，有着一步一脚印，默默做很多事的过程，少有取巧侥幸。摩羯座不怕辛苦、不怕操劳，但是要有代价；待遇，生活水平，实质肯定，良好关系，这些摸得到、可实际感觉到的东西是他付出后期待的结果。摩羯座不喜欢不劳而获，但也不喜欢白费苦心、做白工，而事情做一半对他而言，就像是做白工。

好强不服输

她的嗓音条件并不好，音域不宽，音色也不亮，只能反串男演员。为了能改唱旦角，阎学晶（摩羯座）每天都坚持练嗓，经过刻苦的训练后，音域终于拓展了，音色也亮了，这才改唱二人转的女腔。

起初她的舞蹈成绩并不好，但刻苦地练了没多久，水平便是学校数一数二的了。白净、瘦弱的她并不起眼，但学校领导说周冬雨（摩羯座）有一股不服输的劲儿，像一根芦苇，瘦而韧劲十足。

没有人喜欢输，或是被人看扁的感觉，但摩羯座的好强不是挂在嘴上，不是秀在脸上，他会付诸行动。摩羯座相信勤能补拙、天道酬勤的道理，只要让他知道怎么做，给他时间，他就会勤勤恳恳地把事情做好。

摩羯座不比一时，他相信一步一步地往前进，总会学会，总会做好，总会比别人强。摩羯座是个务实的人，相信实做，相信耕耘，多做一分，将来就会多收一分。摩羯座做事不喜欢取巧，也不爱投机，他喜欢扎扎实实地把事情做好，扎扎实实地累积经验及学问，这扎实的感觉让他很安心。

摩羯座是个目的性比较强的人，他不怕辛苦、不怕挫折，只怕没有值得他努力的目标，只怕没有着力点，只怕不晓得该怎么做。时间跟心力是站在摩羯座这边的，再怎么样他都挤得出来，只要给他一个目标，剩下的就是埋头实干，不断地琢磨。摩羯座相信事在人为，英国物理学家斯蒂芬·霍金（Stephen Hawking，摩羯座）曾说过一句话，"我注意过，即使是那些声称'一切都是命中注定的，我们无力改变'的人，在过马路前都会左右看看"。

最恨不被尊重

他曾经言听计从过，但一年出7张专辑的高压，让他很难去应付高负荷的工作量。虽然是当红偶像，比别人都成功，但孙耀威（摩羯座）不想再被当成"银行"，被当成印钞机，于是在1998年，他头也不回地退出歌坛，时间长达6年。

他把从罗马奥运会赢得的金牌，挂在脖子上，到闹区的一家饭馆吃饭，但是没有人服务他。他说："我是冠军，我是金牌得主！"得到的答复是："我们才不管你是谁！"愤怒的他将自己的金牌扔进了大海，他说，我再也不愿意为这样的国家效力了。36年后，亚特兰大奥运会男子篮球决赛的中场休息时间，国际奥委会主席萨马兰奇先生，将一枚特制的罗马奥运金牌挂在拳王阿里（摩羯座）的胸前。

即使能抗高压，有不服输的执著，能耐着性子把事情做下去，可一旦不受尊重时，摩羯座也不干了。没有人能忍受不被尊重，对肯努力、肯付出的摩羯座而言，尊重更加重要，一旦"把我当什么了"的感觉出现时，再大的诱因，也无法激起摩羯座的意愿。

摩羯座在意的尊重，不是别人赞美他，捧他几句就可以，他更期待的是别人当他是号人物，看重他，把他当一回事。性格实际的摩羯座，知道好处不会天上掉下来，不努力表现，没几把刷子，不搞出点成绩，是不会让人另眼相看的。这也是摩羯座做事的时候态度很认真，自我要求高，也很自律的心理因素之一，不需别人督促，他就能做好该做的事。

摩羯座比较有野心，他除了追求成就感，也在乎别人的尊重，缺一不可。摩羯座可以吃苦，可以受累，可以言听计从地付出，但一定要受尊重，否则原先的执著将戛然而止。受尊重是一种个人的切身感受，除了赞美的话，认真看待我这个人，把我当一号人物的正面感受外，轻蔑、不信任、不当一回事等眼神及口吻出现时，摩羯座会有受伤的感觉，而且会很严肃地看待。

随着经验及资历，摩羯座会越来越看重别人是怎么看他的。几番历练后，已经很干练、很有自信的他，自尊心会越来越强，对于事情已无畏惧，在意的是自己的形象，尤其是别人怎么看他这个人。当摩羯座感到不受尊重时，即使表面仍受礼遇，他的心里也会不舒坦，久了就会对事情没劲儿，没意愿。

男女不同，但都认真固执

勤奋一日，可得一夜安眠；勤奋一生，换得幸福长眠。——达文西

撇开化妆穿着这种事不谈，女的摩羯座跟男的摩羯座，个性上有些不太一样，给人的感受因而也不同。

女的摩羯座，个性要比男的摩羯座活泼些，比较好亲近，摩羯男比较拘谨，跟人有点慢熟。摩羯女的花样比较多，喜欢、愿意尝试的东西比较多样，而且重点是，会随着年纪、经验而改变，30岁之后会越来越明显。摩羯男喜欢、常碰的东西，很固定，甚至很规律，长年不变；相形之下，摩羯女要比摩羯男懂得生活情趣。

摩羯男女，对事情都有耐性，不过结婚生子后，摩羯女对小孩的事（也就是琐事），要比摩羯男有耐心多了，再怎么样都会响应小孩的需求，摩羯男则要看情形。摩羯男的耐性，比较容易发挥在工作上或重要的事情上，而且摩羯男在外头比较能跟人闲聊话家常，但在家里就比较闷，有事才讲话。

虽然摩羯男女的个性，先天上有很不一样的地方，但都是认真的人。不做完不休息，不半途而废，不轻言放弃的执著态度会让他们显得固执。摩羯座想做的事，旁人很难叫他打住，他已有的认知、已有的想法，旁人也很难改变。就像做事一样，摩羯座一定要亲身体验，或是亲眼看到，才能确定他的想法对不对、好不好，对于别人讲的他很难乖乖照着做。

摩羯座的人脉经营心法

戏棚下站久了，舞台就是你的

他的演艺生涯始于1998年，从跑龙套一步步艰辛地走，常演些前男友或哥们儿这类炮灰的角色，也曾担纲主角，可惜收视不佳。混迹10年后，布莱德利·古柏（Bradley Cooper，摩羯座）终于因《醉后大丈夫》而身价大涨。

人生的道路上，摩羯座孳孳矻矻地行走，认认真真地做事，迟早会成就一些事，迟早会"媳妇熬成婆"。"台上一分钟，台下十年功"，这句话对做事扎实的摩羯座非常写实。

做事是如此，与人交往，跟人做朋友也一样，摩羯座的人脉关系是靠时间淬炼出来的。摩羯座不大跟人抢风头、争那一时的光彩，他在意的是实质的东西。在他的认知里，如果自己有两把刷子，别人自然会靠向你；而如果自己没实力，怎么取悦别人都没用。

摩羯座跟人一向保持友善的关系，就跟做事一样，把人际互动当做一件事在做，不希望把事情搞砸，让人说他哪里不对，没做好。但他也知道，自己如果是号人物，朋友自然多，而且个个友善，但如果啥都不是，认识再多的人也没用。摩羯座的心思时间大都花在工作或是家庭上，因为他知道，这两块搞定了，其他的只是早晚的问题。

君子之交淡如水，但也别太淡了

味甘终易坏，岁晚还知，君子之交淡如水。——辛弃疾

摩羯座对人虽友善，但总给人一种距离感，可能是因个性比较认真，扯淡忽悠的事做不来，与人交流时谈事论事较多，话语较缺乏情趣。大部分的摩羯座在社交场合比较被动，多是等人趋近，有事才跟人交头接耳一番，不太会主动出击、主动制造气氛、主动跟人热情交流。摩羯座谨守分寸的个性，在人际交流的场合经常可见，除非都是很熟的朋友，否则他在人前是比较矜持，比较规矩的。

如果没有"事情"做媒介，要让摩羯座没事跟人分享点滴比较难，男的摩羯座尤其如此。摩羯座信奉君子之交淡如水，没事不找人，不麻烦别人，有事才联络，因此会错失不少跟人拉近距离的机会。摩羯座可以这么想，不是每个人都在善用每一分钟，很多人其实常闲得发慌想找人聊聊，自己要是能主动找个理由跟人聊点事，渐渐就会发觉，跟别人的关系不再需要靠"事情"牵线，人面会渐渐变广，人生的机遇也渐多。

浑水摸鱼也是本事

一个人如果赚得比你多10倍，而在工作上花的时间又不比你多，那么，他一定是做了与你大不相同的事。——民间智慧

做事踏实、本分的摩羯座喜欢跟有实力、有底子的人交往，看不惯臭屁、自以为是的人，也因而懒得跟那些人交流。所谓青菜萝卜各有所爱，每个人对成功的定义不同，摩羯座看不惯的人，也许不具备跟自己一样的专长，但可能有其他的本事，而那个本事在别人眼中，或是在不同的环境下，却是可取的。

不断努力、不断求进步的摩羯座，在聚焦于峰顶或某种事物时，其实也该停下来欣赏一下，旁人在乐些什么。旁人的钓鱼技术也许不如自己，但也能抓到鱼，而且方法管用，这就代表着，摩羯座不应以自己专擅的事情来论人，不可以资历论人，就如同不可以貌取人一样，都容易错失或轻忽可能的机遇。

固执的摩羯座，容易在经验地位到了一定的程度后，渐有本位主义，只相信自己相信的，只信奉自己过去一贯的思维，忽略了在网络时代，多变的格局已改变不少所谓本事及专业的定义，如果不破除固有的思考，将限缩自己的人际面向，最后可能会发觉，只有自己一个人孤独地爬着山。

熬成婆了，不代表都听你的

什么样的婆媳关系最安全？保持一定的距离，永远客客气气的。

——《媳妇的美好年代》语录

摩羯座的一生中，总会有个阶段，是一步一个脚印默默地做，埋头实干地做，慢慢累积自己的经验及实力，期待有一天能获得肯定。摩羯座相信，只要实实在在的努力，一定有出头的一天，只要那天到来，过往的辛苦就会变得值得，否则便是"同志仍须努力"。

目的性强的摩羯座，一旦扬眉吐气了，熬成婆了，人前的身段跟之前的相比，落差比较大，有些执拗及坚持会渐渐出笼，容易让一些旧识觉得，不如以前那么好亲近，没大没小的亲昵举动要收敛起来。摩羯座的权力欲望比较强，一旦站上某个有影响力的位置，那个位置该有的样子，他会渐渐学起来，正如同他做什么像什么的态度，不到位的身段会努力学习，然后"青出于蓝，胜于蓝"。

摩羯座在踏上峰顶，或是站稳某个位置时，要铭记在心的是，成功不全然是自己努力做事得到的，还有努力做人的报偿，而人际关系的维持，在熬出头之后该付出的心力，不会少于之前的。兢兢业业、恭谨谦和的态度，伴随摩羯座一路的辛苦，是其熬成婆的重要原因，若接着把身边的人都当成"儿媳妇"来使，恐怕日子不会安宁，也影响更上层楼的机会。

坚韧不拔，别变成难以自拔

要能放下，才能提起。提放自如，是自在人。——证严法师

坚持不懈固然是摩羯座可取的做事态度，不过天下事总是有一好没一好，太过坚持会变成固执，而上了年岁的固执，就会变成食古不化。

摩羯座是个习惯性比较强的星座，行之多年的做事方式，形成已久的观念认知，已习惯的人际关系，甚至是已习惯的穿着方式，他都不大会改。任何事只要让摩羯座习惯了，上身久了，就固定下来了，撼不了也敲不破。如果是好的习惯，健康的人际关系，历久弥新的观念，这对摩羯座只有好处，但如果是对立面的，当众人皆曰不好，皆曰该改，摩羯座却仍一如既往时，代价往往很高。

不论是坚韧不拔，还是难以自拔，都代表着孤独，踽踽独行，人际关系难免紧张。天下事只要过度了，就会变得不好，摩羯座若要避免根深蒂固的习性，害自己不知变通，造成人际疏离，甚至是付出高昂的人生学费，务实的精神可加以平衡。

务实是看清现实，不勉强，不硬拗，适时妥协，适时转弯，适时放手。连资深驾驶都得看地图，摩羯座怎知自己不会迷路，走错路？

跟严肃的男人有缘

摩羯座为何跟严肃的男人有缘？这事得从摩羯座的长辈说起。摩羯座小的时候，家里有位男性长辈（爸爸，或是其他男性），不笑的时候，看起来有点严肃，好像心情不好，在想事情的样子。也许那个人不是真的很严肃，但面无表情的时候就是那个样子，给人有点距离感。

陈冲（摩羯座）在别的片子的表现，得到名导演贝托鲁奇的认可，顺利得到《末代皇帝》女主角的角色，进而成为第一个站在奥斯卡颁奖舞台上的华人。

他中学时期结识了一位好友，也因为受到这位好友父亲英若诚的影响，让姜文（摩羯座）逐步喜欢上表演艺术。

许常德（摩羯座）是台湾省著名的作词人，曾创作出上千首作品，企划过无数畅销专辑。早年为了赚钱清偿家里债务，因缘际会进入唱片企划这个领域，进而受到时任唱片公司总经理齐秦的提拔，总揽公司旗下大大小小的专辑事务，为自己奠定下不错的事业根基。

台湾省音乐才子黄舒骏（摩羯座），念大学的时候便与音乐结缘，而当年介绍他与唱片公司认识，进而签约出专辑的人，是台湾省音乐人都会尊称"左老师"的左宏元。

摩羯座不妨多留意看起来有点严肃样的男性。这个人通常在某个领域已有些资历，但不一定跟摩羯座有工作上的关系，可能是朋友，或是朋友的朋友。这个人也许会跟人谈笑风生，但重点是，这个人没笑的时候，神情很严肃，像是有心事，甚至带点凶凶的样子，让不太熟的人不大敢靠近。这样的人，要比其他人为摩羯座带来机遇的可能性高一些，只要时机成熟。

跟能干，闲不下来的女人有缘

她是第一位被美国电影学会接纳为"会员"的华裔演员，当初介绍陈冲（摩羯座）入会的，是一生不减对电影事业的热情，既是演员、制片人，同时也是翻译家的卢燕。

摩羯座为什么也跟能干，闲不下来的女人有缘？这事也跟摩羯座的父母有关。摩羯座小的时候，家里有位女性长辈（妈妈，或是其他女性亲人），很能干，做很多事，家里的许多活儿都靠她。那位长辈不只是劳碌，而是爱做事，爱找事做，很少看到她闲下来。

受到此种效应的影响，这样的女人也比较能为摩羯座带来职场的机遇。摩羯座除了往上看，往旁边看，还要多亲近这样的女性。栽培属下或是在社交场合与人交流时，也应多留意这样的人。这样的女性多有独当一面的能耐，而且除了事情多，在外的活动也多，人面比较广。摩羯座除了可以靠当事人的职务来判断外，也可借由当事人闲暇时的作息安排，略知一二。

8种不一样的摩羯座

每年12月22日到1月20日出生的人都是摩羯座，但不是每个摩羯座都是一样的个性，人脉经营的诀窍也因而有些不一样。这是因为在这段时间，只是天上的太阳在摩羯座，但影响一个人表达方式比较大的水星，不一定在摩羯座，而影响一个人喜怒好恶比较大的金星，这段时间也不一定在摩羯座。

摩羯座的人，出生时的水星星座一定是射手座、摩羯座、水瓶座这3种之一，不会是别的。就像是玩拼图一样，不把摩羯座的水星星座也纳进来，组合不成这个人完整的个性。

摩羯座＋水星射手座

你现在的不快乐，是将来快乐的财富，谁说人生就是快乐，也许痛苦就是生活的本质。——海清

因为水星射手的关系，这个摩羯座有两种类型。一种是常出门的，个性也外向，在外头的活动聚会比较多，而且只要有个理由，这人就会出门，如果待在家里没事可做，他会觉得无聊，想出门。另一种没那么爱出门，出门要看是为了什么事，没必要的就不出门，可以自得其乐地在家找事做，而且这人平常只跟固定的人往来，少有新的人际圈。

前者的兴趣通常比较广泛，很多事物都能引起这人的兴致，人生机遇容易因人面广或是见识多而大开。后者比较钟情特定的几项事物，喜欢玩

的就那几样，有工作关系而且志同道合的朋友，对其比较重要。

不论是哪一种，这个摩羯座都喜欢思考，说话比较直率，做事的目的性比较强。对任何事都希望有个方向感、有个底儿，不喜欢像个无头苍蝇似地乱转，出门逛街也不喜欢漫无目的地闲逛。这个人比较爱教人，只要他知道，而别人用得上，或是对别人有好处的信息，他都会乐于告诉别人。

海清、巩俐、周华健、阎学晶、梁丹妮、孙耀威、周冬雨、艺人沈玉琳、谢金燕、柯佳嬿、主持人GiGi林如琦、中国台湾联强国际总裁杜书伍、日本女星矢田亚希子、英国演员裘德·洛（Jude Law）等人，都是水星射手的摩羯座。

摩羯座＋水星摩羯座

很多人觉得我对音乐太有自信，太臭屁……请问，如果不臭屁，没有自信，我怎么继续前进？——周杰伦

因为水星摩羯的关系，强化了这个摩羯座执著与固执的个性，凡是想清楚的事，已有看法的事、已决定的事，他会坚持下去，不为所动。这个摩羯座遇事时需要较长的思考时间，个性比较谨慎，想清楚了才行动，一旦决定便不会改。

这个摩羯座有两种类型。一种是性情平稳，情商比较好，无论何时都是比较好说话的；另一种是行事看心情，心情好时很好沟通，心情不好时，像个铜墙铁壁，很难沟通。

前者比较好相处，人缘通常不错，比较容易碰到贵人的提携或协助。后者的人际互动要看心情、看对象，有时比较难搞。如何调整情绪，拿出最好的面貌示人，对其很重要。

周杰伦、言承旭、演员陈冲、桂纶镁、郭德纲、李丽珍、朱孝天、吕良伟、李李仁、张孝全、贺军翔、林美贞、卢燕、包庭政、快乐女声曾轶可、歌手殷悦、中国台湾大学荣誉教授齐邦媛、剧作家李国修、黄舒骏、旅日棋士张栩、主持人郑弘仪、主持人Janet（谢怡芬）、纳豆、英国物理学家斯蒂芬·霍金（Stephen Hawking）、老虎伍兹（Tiger Woods）、猫王埃尔维斯·普雷斯利（Elvis Presley）、好莱坞男星梅尔·吉布森（Mel Gibson）、美国总统夫人米歇尔·奥巴马（Michelle Obama）、美国最贵的名嘴林博（Rush Limbaugh III）、拉加德（Christine Lagarde，2011年新任IMF总裁）、影星布莱德利·古柏（Bradley Cooper）等人，都是水星摩羯的摩羯座。

摩羯座＋水星水瓶座

我特别不理解那些人说多苦多累，你为什么说这个？那么累你就不拍电影不当演员嘛。——姜文

因为水星水瓶的关系，这个摩羯座听人讲话喜欢听重点，如果某人跟他讲一件事，讲得太细，太多旁枝末节，他会希望对方快点讲重点，有时会把话头拉到他想听的部分。这个摩羯座不喜欢啰唆的人，或是同样一件事老在讲的人，一方面是因为对细琐的事没耐心听，另一方面是因要做的事太多，没空听人啰唆。不过，他虽然不爱听人絮絮叨叨，可是自己讲到兴头上时，却是挺多话，摩羯女尤其明显，这个反差最好人前多留意些。

这个摩羯座想法比较多，另类思考比较多，很有主见，也喜欢发表对一些事情的看法，观点都很有见地，言之有物。他私底下会对人品头论足，虽然头头是道，但最好慎选听众，否则不小心被误传，或是拿来做文章，就会徒生困扰。

姜文、张国立、徐志摩、伍佰、李玟、杜旭东、制作人许常德、台湾省首富王永庆、拳王阿里、马丁·路得·金（Dr. Martin Luther King, Jr）、英国王妃凯特·米德尔顿（Kate Middleton）、影星金·凯瑞（Jim Carrey）、演员戴维·卡鲁索（David Caruso）等人，都是水星水瓶的摩羯座。

摩羯座的人，他的金星星座一定是天蝎座、射手座、摩羯座、水瓶座、双鱼座这5种之一，不会是别的。金星星座影响一个人的喜怒好恶，如果不把摩羯座的金星星座也考虑进来，难以知道他跟人相处的全貌。

摩羯座＋金星天蝎座

我觉得女人不需要化很浓的妆，或者穿得怎样去吸引别人。而是应该找到自己最特别的那个部分，可能别人会因此对你产生好感，我觉得这是爱情最可贵的地方吧！——桂纶镁

因为金星天蝎的关系，强化了这个摩羯座原本执著、坚毅的个性，对于已经决定的事，会全心全意地投入，很认真。

这个摩羯座有两种类型。一种是规矩比较多的；另一种是比较随性、比较好相处的。

前者主观意识比较强，对事情的掌控欲比较强，喜欢事情顺着自己的意思走，职场工作要么是成为独当一面、带头型的人物，要么就是独自作业，少受人牵制指点的。后者朋友来找时，二话不说就会出门，比较好约，对人的配合度高，职场工作适合业务型，或是常跟人周旋、打交道的。

不论是哪一种，这个摩羯座都习惯跟固定几个熟识的人来往，人际圈比较固定，贵人出自已有交情、已认识的人的概率比较高，萍水相逢的概率低。这个摩羯座的异性缘比较好，撇开男女关系不谈，交流的对象不妨偏向异性。

桂纶镁、姜文、贺军翔、张孝全、艺人沈玉琳、日本女星矢田亚希子、老虎伍兹（Tiger Woods）等人，都是金星天蝎的摩羯座。

摩羯座＋金星射手座

怕老婆的男人一定能发达！——张国立

因为金星射手的关系，这个摩羯座喜欢出门，喜欢到处走走看看，只要出门心情就会变得比较好，至于他是爱玩型，会主动找人出门，还是被动型，习惯等熟人来约的，则是另当别论。

这个摩羯座出门就会花钱，不款待慰劳一下自己，不买点东西，他会觉得没玩尽兴，而且只要出门就会想在外面待久一点，多去几个地方，如

果只是出门晃一下，或是只在近处转一圈，对他而言，都不算出门，也就无法尽兴。

这个摩羯座骨子里有喜欢新鲜事物，喜欢接受挑战的性格，职场上最好多接触新业务、新项目，多跟与自己的背景、专业不一样的人交往。如果可能，多跟远方（异乡）人士往来，或是去异地工作，比较容易碰到贵人。

这个摩羯座有两种类型。一种比较活泼大方，比较外向，比较会笑脸迎人；另一种是比较矜持，比较内敛，除非在社交场合需要跟人互动，否则他经常是一号表情，或是面无表情。前者给人的感觉比较亲切随和，话也比较多，职场工作适合多跟人接触，多往外走，靠人缘吃饭；后者不善交际应对，也不喜欢应酬，适合居于幕后的工作，或是靠专业技能吃饭。

无论是哪一种类型，这个摩羯座对朋友都很够义气，对家人也很好，能帮的忙会尽量帮，是不少人的贵人。

张国立、周杰伦、伍佰、孙耀威、朱孝天、吕良伟、李丽珍、歌手殷悦、纳豆、剧作家李国修、主持人郑弘仪、制作人许常德、中国台湾联强国际总裁杜书伍、英国演员裘德·洛（Jude Law）等人，都是金星射手的摩羯座。

摩羯座＋金星摩羯座

> 只要有付出和努力，复杂的家庭也能变得很简单、很快乐、很阳光。
>
> ——阎学晶

因为金星摩羯的关系，强化了这个摩羯座能熬、能忍的功力，只要是他觉得值得，想做的事，再怎么样都会咬着牙过去。这个摩羯座是个相当务实，脚踏实地的人，自我要求高，在意成就感，职场上会很努力，很投入，不怕挑战，抗压能力强，耐劳耐操。

这个摩羯座买东西注重实用性跟质感，会精打细算，不会只因喜欢就出手。他做事跟买东西一样，注重质量，不会随随便便，因为不想坏了形象，砸了招牌。这个摩羯座认为便宜没好货，也相信真正的好东西是持久耐用，历久不衰的。

这个摩羯座的人脉经营重点应该放在近身周遭，或是熟识的人身上，如家人、亲戚、老同学、老同事、老朋友等，在网络上认识的，或是当下的工作伙伴当然也是交往的重点，至于彼此没交集，没有共同友人的人，可以不必太花心思，因为这个摩羯座的人生机遇，多跟已认识的人有关，在熟识者那儿比较容易得到帮助，反之亦然。

这个摩羯座的上一代，曾跟亲友因为钱的事情闹不愉快，他本人对钱的事情也最好谨慎些，跟工作伙伴或是跟亲友间，只要是牵涉钱的，最好都谨慎处理，免得有后遗症。

阎学晶、海清、梁丹妮、郭德纲、包庭政、猫王埃尔维斯·普雷斯利（Elvis Presley）、好莱坞影星金·凯瑞（Jim Carrey）、布莱德利·古柏（Bradley Cooper）等人，都是金星摩羯的摩羯座。其中郭德纲、猫王及布莱德利的水星也是摩羯座，所以他们是纯摩羯座的人。前面提到有关摩羯座的性格特征及人脉经营心法，对纯摩羯座的人会更强烈些。

摩羯座＋金星水瓶座

他虽然因"渐冻症"，被禁锢在一把轮椅上达40年之久，但斯蒂芬·霍金（Stephen Hawking，摩羯座）的思想仍遨游到广袤的时空，为人类解开了许多宇宙之谜。

因为金星水瓶的关系，强化了这个摩羯座比较独立，喜欢多方尝试，不喜欢受限的个性。他在人前是友善的、亲切的，有吸引人亲近的特质，但是他不太喜欢别人没事常找他，黏他或是在他耳边絮叨当然更不可以。他喜欢保有私人的自由空间，工作跟生活分得很清楚；人前怎么谈笑，怎么忙都行，但是要有个人的独立自主空间。

这个摩羯座如果是个女的要比是个男的有较多元的兴趣和爱好。摩羯男经常跟固定的朋友聚会，总去同样的地方，有固定的消遣，聊固定的话题，可能连吃的东西也比较固定。反观摩羯女，人面则比较多元，出门去的地方比较有变化，从事的消遣比较有变化，跟人聊的话题比较多元有趣，饮食也比较会变换口味。

英国物理学家斯蒂芬·霍金（Stephen Hawking）、卢燕、巩俐、演员陈冲、杜旭东、周华健、尔冬升、言承旭、李玟、李李仁、周冬雨、林美贞、快乐女声曾轶可、歌手谢金燕、歌手黄西田、黄舒骏、主持人GiGi林如琦、王永庆、中国台湾大学荣誉教授齐邦媛、英国王妃凯特·米德尔顿（Kate Middleton）、拳王阿里、美国总统夫人米歇尔·奥巴马（Michelle Obama）、拉加德（Christine Lagarde，2011年新任IMF总裁）、美国最贵的名嘴林博（Rush Limbaugh III）、男星梅尔·吉布森（Mel Gibson）、演员戴维·卡鲁索（David Caruso）等人，都是金星水瓶的摩羯座。

摩羯座＋金星双鱼座

似乎习惯了等待，单纯的以为等待就会到来。但却在等待中错过了，那些可以幸福的幸福。——徐志摩

因为金星双鱼的关系，增强了这个摩羯座对人的感染力。当他心情好，展现亲切随和的作风时，很容易让人对他有好感，可是当他心里有事，静默不语时，神情也容易让人想避开点。

这个摩羯座是个比较感性浪漫的人，情绪波动比较大，不论好心情坏心情，都容易感染旁人，让旁人察觉，而他的心情也容易受到他人的影响。他私底下不爱被打扰，喜欢闲散地做自己的事。朋友若要找他，最好提前约，别临时找，因为他不喜欢临时的状况乱了他的生活步调；他对任何事都希望能事先准备好，而且是从容的、好整以暇地准备好，不喜欢急急忙忙地处理事情。

这个摩羯座与人交流时，很在意是否投缘。如果话不投机，或是不自在，不知道该聊什么，这种关系他不会有兴趣。他跟人交流，要看心情，看场合，比较有个性，不是跟任何人都能谈得来。他很不喜欢别人对他说教，哪怕说得有理，说教的口吻就是会让他不舒服。

在社交场合，他通常能展现风趣的一面，乐意跟人互动，但是跟几个聊得来的朋友边吃边闲聊，其实才是他最爱做的事。他是个工作跟生活分

得很开的人，不管外头认识多少人，在公开场合有多活跃，他还是喜欢回归单纯的生活，而且私下跟朋友聚会时，也不爱聊跟工作有关的事。

彼此聊得来，是这个摩羯座跟人建立关系的重要前提，经营人脉虽有随缘的心态，但仍很在乎给别人的印象。每次出门前，他都会把自己调整到最佳状态，目的就是想给人好印象。嘴甜，会赞美他，会逗他开心，会先对他笑的人，往往能跟他建立不错的关系。

徐志摩、柯佳嬿、主持人Janet（谢怡芬）、中国台湾女演员刘香慈、中国台湾旅日棋士张栩、马丁·路得·金（Dr. Martin Luther King, Jr）等人，都是金星双鱼的摩羯座。

摩羯座的人，出生时水星是什么星座，金星是什么星座，以下附了两张表，供出生在1950年到1990年的摩羯座查询。

表一　不同水星星座的阳历出生日期

年	水星射手	水星摩羯	水星水瓶
1950	无	12.23～1.20	无
1951	12.23～1.13	1.14～1.20	无
1952	12.22～1.6	1.7～1.20	无
1953	12.22～12.30	12.31～1.18	1.19～1.20
1954	12.23	12.24～1.10	1.11～1.20
1955	无	12.23～1.4	1.5～1.20
1956	无	12.22～1.20	无
1957	12.29～1.14	12.22～12.28 1.15～1.20	无
1958	12.23～1.10	1.11～1.20	无
1959	12.23～1.4	1.5～1.20	无
1960	12.22～12.27	12.28～1.14	1.15～1.20
1961	无	12.22～1.7	1.8～1.20
1962	无	12.23～1.1	1.2～1.20
1963	无	12.23～1.20	无
1964	12.22～1.12	1.13～1.20	无
1965	12.22～1.7	1.8～1.20	无
1966	12.23～12.31	1.1～1.19	1.20
1967	12.23～12.24	12.25～1.12	1.13～1.20
1968	无	12.22～1.4	1.5～1.20

年	水星射手	水星摩羯	水星水瓶
1969	无	12.22～1.3 1.5～1.20	1.4
1970	1.3～1.13	12.23～1.2 1.14～1.20	无
1971	12.23～1.11	1.12～1.20	无
1972	12.22～1.4	1.5～1.20	无
1973	12.22～12.28	12.29～1.15	1.16～1.20
1974	无	12.23～1.8	1.9～1.20
1975	无	12.23～1.2	1.3～1.20
1976	无	12.22～1.20	无
1977	12.22～1.13	1.14～1.20	无
1978	12.23～1.8	1.9～1.20	无
1979	12.23～1.2	1.3～1.20	无
1980	12.22～12.25	12.26～1.12	1.13～1.19
1981	无	12.22～1.5	1.6～1.20
1982	无	12.23～1.1 1.13～1.20	1.2～1.12
1983	无	12.23～1.20	无
1984	12.22～1.11	1.12～1.19	无
1985	12.22～1.5	1.6～1.20	无
1986	12.23～12.29	12.30～1.17	1.18～1.20
1987	无	12.23～1.10	1.11～1.20
1988	无	12.22～1.2	1.3～1.19
1989	无	12.22～1.20	无
1990	12.26～1.14	12.22～12.25 1.15～1.20	无

※不确定自己是什么星座的，可以上星吧网查询（xingbar.com.cn）。

表二　不同金星星座的阳历出生日期

年	金星天蝎	金星射手	金星摩羯	金星水瓶	金星双鱼
1950	无	无	12.23～1.7	1.8～1.20	无
1951	12.23～1.2	1.3～1.20	无	无	无
1952	无	无	无	12.22～1.5	1.6～1.20
1953	无	12.22～12.29	12.30～1.20	无	无
1954	12.23～1.6	1.7～1.20	无	无	无
1955	无	无	12.23～12.24	12.25～1.17	1.18～1.20
1956	无	12.22～1.12	1.13～1.20	无	无

年	金星天蝎	金星射手	金星摩羯	金星水瓶	金星双鱼
1957	无	无	无	12.22~1.20	无
1958	无	无	12.23~1.7	1.8~1.20	无
1959	12.23~1.2	1.3~1.20	无	无	无
1960	无	无	无	12.22~1.4	1.5~1.20
1961	无	12.22~12.28	12.29~1.21	无	无
1962	12.23~1.6	1.7~1.20	无	无	无
1963	无	无	12.23	12.24~1.16	1.17~1.20
1964	无	12.22~1.12	1.13~1.20	无	无
1965	无	无	无	12.22~1.20	无
1966	无	无	12.23~1.6	1.7~1.20	无
1967	12.23~1.1	1.2~1.20	无	无	无
1968	无	无	无	12.22~1.4	1.5~1.20
1969	无	12.22~12.28	12.29~1.20	无	无
1970	12.23~1.6	1.7~1.20	无	无	无
1971	无	无	12.23	12.24~1.16	1.17~1.20
1972	无	12.22~1.11	1.12~1.20	无	无
1973	无	无	无	12.22~1.20	无
1974	无	无	12.23~1.6	1.7~1.20	无
1975	12.23~1.1	1.2~1.20	无	无	无
1976	无	无	无	12.22~1.4	1.5~1.20
1977	无	12.22~12.27	12.28~1.20	无	无
1978	12.23~1.7	1.8~1.20	无	无	无
1979	无	无	无	12.23~1.15	1.16~1.20
1980	无	12.22~1.11	1.12~1.19	无	无
1981	无	无	无	12.22~1.20	无
1982	无	无	12.23~1.5	1.6~1.20	无
1983	12.23~1.20	无	无	无	无
1984	无	无	无	12.22~1.4	1.5~1.19
1985	无	12.22~12.27	12.28~1.20	无	无
1986	12.23~1.7	1.8~1.20	无	无	无
1987	无	无	无	12.23~1.15	1.16~1.20
1988	无	12.22~1.10	1.11~1.19	无	无
1989	无	无	1.17~1.20	12.22~1.16	无
1990	无	无	12.22~1.5	1.6~1.20	无

※不确定自己是什么星座的，可以上星吧网查询（xingbar.com.cn）。

水瓶座

1.21~2.18

水瓶座的性格特征

喜欢多方尝试

他是公认的全世界最棒的篮球运动员。除了篮球，他也打过职业棒球，做过球队老板，演过电影。迈克尔·乔丹（Michael Jordan，水瓶座）说他能够接受失败，但不能接受没有尝试就放弃。

自从拍了鬼片后，一路"鬼后"当不完，她想接拍其他类型的角色，不要再鬼里鬼气。《初恋红豆冰》这部片子里，有比较多逗趣戏谑的表情，跟以往李心洁（水瓶座）严肃的角色有很大的不同。

《大长今》让她享誉国际，走进全世界的家庭，不过接下来主演的一部戏，却是很不一样的角色，也让她得到"影后"的殊荣。李英爱（水瓶座）喜欢尝试，各式各样的角色都不会排斥。

做惯的事，水瓶座会想要换个花样；去惯的地方，水瓶座会想换个去处；吃惯的东西，水瓶座会想换个口味；用惯的物品，若有机会水瓶座也会想换个新的。水瓶座喜欢多方尝试，不会固守在同样的事物上。

水瓶座喜新，但不见得厌旧。已经习惯的事物，只要没什么大问题，他不会离弃，他只是容易腻，需要新的东西来调剂，或是离开腻了的事物一阵子，事后仍会重新拾回。

水瓶座喜欢接触不一样的东西，不论是品尝的菜肴，生活中的用品，休闲消遣的去处及方式，还是职场里各式各样的任务挑战，水瓶座都不会排斥。水瓶座有很强的求知欲及好奇心，喜欢有变化的生活，喜欢接触新事物，任何事只要能学到新的东西，能多体验一些不常有的经验，他都愿意尝试。

水瓶座热爱生命，觉得人生在世，应该多看看，多体验，多知道一些事，要充分运用生命中的每一刻。水瓶座不排斥任何可能，对任何新鲜事都愿意尝试的处世态度，让他做事很有弹性，不会拘泥于固定的想法和固定的行为模式。他愿意听别人的意见，但不见得会照着做，因为他有自己的想法，怎么做决定是自己的事。

讨厌啰唆的人

喋喋不休的人，像一条漏水的船，每一个乘客都会赶快逃离它。

——法国民间谚语

水瓶座讨厌啰唆的人，这个性格跟他的父母（或其他亲人）有关。水瓶座小的时候，父母（或其他亲人）规矩多，要求多，很啰唆，爱找碴儿，尤其是在一些生活习惯或做事的方式上，非得照那个人的，否则没完没了。从小的生活背景，让水瓶座骨子里很讨厌啰唆、意见多的人，不过表面上不大会表现出来，只是在心里有股厌烦感。

啰唆、意见多的人，这也不好，那也不好，不是个好商量、好沟通的人，会把一件本来可以简单处理的事搞得很麻烦，很复杂。水瓶座小时候家里有这样的长辈，因此打心眼里就怕碰到这样的人。

水瓶座喜欢尝试，喜欢接触不一样的事物，这想要有点变化的个性，多少跟他小时候常被要求、被啰唆，为的是差不多一样的事的经验有关系。

不喜欢被管

你的良知在说什么？"你要成为你自己。"——尼采

水瓶座不喜欢啰唆的人，也不喜欢被人管。一件事如果处处要请示，一个环境如果处处受限，他会受不了。水瓶座喜欢有自由挥洒的空间，喜欢自己有做主的空间，只要告诉他原则就好。

一件事如果要中规中矩、很精准地做，水瓶座就会觉得烦，如果这些规矩有人在盯，而且盯得很细，他更是会抗拒。水瓶座做事不怕辛苦，就怕被念、被盯，他小时候常被找碴儿，骨子里很讨厌这样的事。

水瓶座喜欢有弹性的做事空间，不喜欢被规范得很细、很清楚。他的目的性比较强，只要最后的目的达成了，过程中怎么折中，怎么折腾他都可以忍受。水瓶座的应变能力也因此比较强，做事懂得转弯，懂得机灵地变通一下，不会被一个小障碍阻挡了去路。职场上虽然计划经常赶不上变化，但在变化面前，水瓶座总有办法调节好。

喜欢交朋友，讨厌计较的人

真正的友谊总是预见他人的需要，而不是提出自己的要求。

——安德烈·莫洛亚（Andre Maurois）

喜欢多方接触的水瓶座，也爱交朋友，他的一生之中，除了固定往来的老朋友外，也常通过朋友认识新的朋友。爱交朋友的性格，男的水瓶座要比女的水瓶座来得强烈些。

朋友是水瓶座认识世界、求取新知、丰富生活的重要媒介，另外还有一个重点是，朋友不会管他，找他碴儿。水瓶座喜欢交朋友，但不会过于亲昵，黏腻的人际关系不是他的行事风格，他比较喜欢跟人保持友善的关系、友善的距离，各自保有自在的空间，有事情的时候再聚聚碰个头。水瓶座认为人与人之间的关系，没有一定要怎样，或是有一定的模式，才能代表这个人跟那个人之间是友好亲密的。水瓶座的人际关系很随缘，他不会勉强人，也不喜欢别人勉强他，自在就好，顺其自然就好。

水瓶座对朋友的事很热心真诚，有时比自己的事还认真。水瓶座做事常会考虑到别人，顾及别人的感受，他也因而讨厌只顾自己、只想到自己、做事计较的人。

水瓶座讨厌计较的人，这种个性跟他的父母（或其他亲人）有关。那位亲人在他的眼里，很爱计较一些事，很多事都只想到自己、没考虑到别人、因此水瓶座对这样的人有点反感，没什么事就尽量少接触。

人前随和，其实很爱面子

她的为人非常随和有礼，已经是大明星了，见到谁都会打招呼。邓丽君（水瓶座）曾在1994年底，在旅游下榻的泰国清迈小酒店，临时上台演唱歌曲，为酒店客人庆祝圣诞节。

水瓶座在人前是个随和好商量的人，常给人好相处的印象。他做事很有弹性，没有说一定要怎样才行，一切依当时的情形而定，配合别人的时候居多。不过水瓶座在外人面前随和，在自己人面前就不一定那么好说话，会比较坚持一些事，也比较有情绪。自己人指的是家人、情人，以及将来的小孩，而水瓶女这方面的情形，要比水瓶男强烈些。

水瓶座的父母（或其他长辈），人前随和风趣，很好说话，也很在意自己在外人面前的形象，但是对家人就会比较凶，要求比较多，不像在外人面前那么好说话。水瓶座这方面的特质，多少受了那位长辈的影响。

水瓶座是个好强、爱面子的人，外人面前，他会尽量显现自己好的、过得不错的一面。不好的一面，或是稍微有点负面的，没什么好说的事，他在人前都不爱提，即使事情是跟家人有关也一样。水瓶座有时不爱讲自己的事，连亲近熟识的人也不太爱讲，被问到了多是避重就轻地带过。水瓶座比较希望得到肯定，没什么好说的事，能不碰就不碰。

好强的人很多，但不跟人聊负面的事，是水瓶座主要的好强表现。水瓶座喜欢给人正面的形象，不光彩的，他都不爱提，即使旁人觉得没什么，即使朋友间也常拿这类的私事当做拉近距离的话题，但水瓶座就是不爱讲。

水瓶座喜欢给人"我过得很好，我没啥问题"的印象，这点也是跟他的父母（或其他长辈）有关。他的父母（或其他长辈），有个人很爱面子，凡是跟家里有关，只要稍微负面的，或是会让人议论的事，那个人都不会跟外人提，也不希望外人知道。耳濡目染之下，水瓶座也渐有这样的个性。

水瓶座对人随和，貌似很好相处，但也容易给人一种距离感，这跟他不爱讲自己的事，某些话题一触及就会避开的心理多少有点关系。

水瓶座的人脉经营心法

避开管太多的环境

自主的人，是真正自由的。——苏格拉底

广结善缘对水瓶座不是难事，他天生就容易给人好印象，再加上爱交朋友，对人热心真诚，人脉一个拉一个，贵人只会多不会少。

比较自由自在的环境，才能充分发挥水瓶座的个人魅力，如果他处处受限、时时被盯，郁闷的心情会影响他的作为。

水瓶座适合待在授权充分，可以自由挥洒，管得不太多、不太细的工作环境中，如果工作性质是比较有变化的，不是日复一日，每天都面对同样的事、同样的人，他会更来劲。

一个充分授权，没管太多的领导，是水瓶座职场成功的关键。没管太多，不代表松散懈怠，而是一切都以目的为导向，结果比较重要，至于过程中怎么做可以自由发挥，可以看情形应变，这种舞台很适合水瓶座。

学习面对难堪

她是世界上最具影响力的妇女之一，主持的谈话节目，平均每周吸引数千万名观众，并连续十几年排在同类节目的首位。奥普拉·温弗瑞（Oprah Winfrey）早年成功的诀窍，是先用自己的秘密交换出嘉宾的实话实说。她（水瓶座）曾公开童年时一段不堪回首的际遇：9岁被亲戚强奸，而且持续数年，14岁产下一个早夭的孩子……

水瓶座对人随和友善，给人好相处的感觉。他喜欢跟人交流，爱交朋友，不论是外向型的水瓶座，还是比较宅的水瓶座，人生的每个阶段都会结交几个比较谈得来的朋友，彼此常碰头聚聚。

水瓶座虽给人友善好相处的感觉，但也总给人礼貌有余、亲近感不足的距离感；跟他很熟，但不太了解他，不太清楚他生活的一面，只知道片段的信息。

水瓶座给人距离感的原因，跟他爱面子的性格有关。他希望呈现在别人面前的，都是好的、正面的、过得不错的印象。不好的，或是不光彩，没什么好说的（包括家人的），他不会说，也不希望别人问起。水瓶座不大会在外人面前呈现负面情绪，如计较、吃醋、小气、发脾气等，也不大会直言悍拒别人的好奇心，他会轻描淡写地略过，然后转移话题。跟人保持点距离，不跟人腻在一起太久，跟他想避免被问到敏感话题的心理有关，如果碰到某人特爱问他私事，或是爱跟他有形无形地较个高下，他跟这个人会保持礼貌性的距离。

水瓶座虽交友广，认识的人不少，但能谈心的人不多；他不习惯跟人讲太多自己的私事。水瓶座有苦往肚里吞，人前尽欢笑的个性，久了，周遭的人便也习惯只跟他交流到一定的程度。

水瓶座应适度地卸下心防，有些事其实没那么严重，是自己撑在外头的形象，夸大了私领域可能的副作用。喜欢真诚，喜欢做自己的水瓶座，不妨多敞开一些自己的生活面，外面其实有不少的共鸣等着你。

避免好关系断掉

患难之中的友谊，能够使患难舒缓。

——莎士比亚《鲁克丽丝受辱记》

水瓶座喜欢跟人保持友好但不太黏的关系。他这习性不只是对朋友、同事如此，对家人及情人也有同样的态度。水瓶座人际交往的特质，底层心理，除了可以避免被问太多私事外，也跟他喜欢新鲜感的个性有关；常在一起容易腻，变得没意思，跟常吃同样的菜一样（虽然很爱吃），每天吃会腻，想换口味。水瓶座对重复性的东西容易腻，会想寻求改变，或是分开一阵子，等到觉得可以再接触了，便会回头，正如同换了几次口味后，水瓶座仍会吃起爱吃的菜一样。

这心态用在吃东西上可以，用在生活嗜好上可以，用在工作上某些时候也可以，但如果用在人身上，就容易有问题。先不论两性关系，如果跟朋友之间，想找的时候找，不想找的时候便失去联系一阵子，或者是朋友来找的时候，起初欣然赴会，但连续几次后就变得不好约。这一阵一阵的人际交往模式，虽说是天性使然，要改也不容易，但久而久之，水瓶座会发觉，跟很多老朋友失去联络了。

水瓶座在人际交往上有随缘的个性，对于已认识的人，如果没什么事，比较少主动联系。这随缘的个性，若再配上容易腻、一阵一阵的方式，便容易造成原本不错的关系因失去联系而断掉。在职场上拼搏，人脉很重要，人面广，人前印象一向不错的水瓶座，如果任由关系断掉，有点可惜。除非是关系非常铁的，长年不见也不影响情谊的，否则水瓶座不妨拿出务实的个性，至少和对事业可能有帮助的人主动保持联系，别让关系冷掉了。

别怕啰唆，不找碴儿就行

> 溪涧终日絮叨不休，是因为它的水太浅。——中国谚语

水瓶座很怕碰到啰唆的人。水瓶座不喜欢被念，不喜欢被管，不喜欢有人在他面前一直讲一直讲（某种形式的黏腻关系）。不论是在职场上，还是私下的社交活动，碰到啰唆的人，水瓶座都想避得远远的。

私下的社交活动，参不参加的决定权在自己，问题不大。可是如果是跟工作有关的人，只因为对方啰唆就因此嫌弃，显得有点不太实际。

水瓶座在职场上碰到啰唆絮叨的人，最好先沉住气，分辨一下啰唆的

内容是找碴儿居多，还是就事论事，只是话多了点，要求多了点。上司很啰唆，可能是他求好心切，怕出状况；客户很啰唆，多半也是类似的出发点。水瓶座甚至也可以这么想，这些人很啰唆，可能是他们背后有更啰唆的人，有更难搞的人，他们的啰唆，不是针对水瓶座个人而来，而是因为有压力。

水瓶座从小被啰唆，心里的厌恶感最好别扩大了，变成逢啰唆必反，最好学着看情形。只要不是来找碴儿的，只要仍有自由发挥的空间，不妨持平常心看待，无须过度反应。

跟独立能干的女人有缘

她经常辗转于各个音乐会，练琴时间因此变得比较少，仍能有高水平的演出，据王羽佳（水瓶座）说，依靠的是孩童时代，跟凌远老师学习时打下的坚实基础。

她18岁时在马来西亚的穷乡僻壤参加新人征选，试唱时的清丽歌声一下子就打动了评审。李心洁（水瓶座）出色的外形与不造作的气息，立刻被张艾嘉发掘，成为力捧的新人。

水瓶座为何跟独立能干的女人有缘？这事得从水瓶座的长辈说起。水瓶座小的时候，母亲（或其他女性长辈）经常一个人张罗家里大大小小的事，父亲（或其他男性长辈）忙他自己的事的时候多，除了固定的家务事，其他做的有限。

父母（或其他长辈）就像是每个人的第一个老板，既训练我们，教导我们，也给我们待遇（吃住及娱乐）。父母（或其他长辈）是什么特质的人，就代表职场中具有这样特质的人，比较会给我们带来机会，因为这个磁场关系，在很早的时候就存在了。

水瓶座若想碰贵人，不妨多留意比较能干，比较独立，能一个人搞定许多事，不需靠男人的女性。而她的独立能干，不仅表现在工作上，在私人生活中也是如此。这样的女性，要比其他人，为水瓶座带来帮助的可能性高一些。

跟啰唆的人有缘

越是无能的人，越喜欢挑别人的错儿。——爱尔兰谚语

水瓶座不喜欢啰唆的人，却跟啰唆的人有缘，为何会如此？这也跟水瓶座的父母有关（或其他长辈）。

如前所述，水瓶座的父母（或其他长辈），有个人很啰唆，对一些事很挑剔，爱找麻烦，不容易取悦。这个磁场关系，让水瓶座在日后的生涯里，跟这样的人有缘，有些还会让水瓶座觉得厌烦。

只要不是故意找碴儿，只要还能有自由发挥的空间，只要对自己有长远的帮助，水瓶座对于啰唆的人，不论对方是领导还是共事关系，大可不必过度反应。水瓶座可以这么想，职场上人来人去，一时难忍的人，不见得永远在你的跟前。

跟家庭牵绊多的人有缘

有了家室之缚，冒险精神则无。——英国谚语

家庭牵绊多的人，意思是指：一，比较顾家，家里有什么事会回去帮忙，而家里有事的时候，也多会找这人帮忙；二，家人管得多，会过问事情，这个人如果要做什么事，会顾及家人的想法，会讲一声，不会径自就做了；三，家里需要这个人的地方多，这个人想要出个门，得先张罗好事情才走得开。

水瓶座为什么又跟这样的人有缘，这也跟他的父母（或其他长辈）有关。水瓶座的父母（或其他长辈），在家里管很多事，大人的事会管，小孩的事也管，自己老家的事也常关心；如果家族的人住得近，可能连亲戚的事也会关切过问。这位长辈受家庭的牵绊多，心思大都放在家里，不常出远门，即使出了门，也会牵挂家里的事。

水瓶座从小就跟这样的人建立了磁场关系，职场上也容易碰到这样的人。水瓶座如果想遇到贵人，不妨多留意这种顾家、管很多事的人，其中

必定有人会帮助到自己的工作。

也跟家庭牵绊少的人有缘

独自旅行走得快，无家累者易发展。——英国谚语

家庭牵绊少的人，意思是指：一、老家如果有什么事，不大会找这个人帮忙，会找别人；二、这个人想出门，或是想干嘛，径自就去做了，很自由，也不会有人干涉过问；三、这个人如果结婚成家了，家里的大小事有人承担张罗（通常是另一半），本人如果想出门，顾虑较少。

水瓶座已经跟家庭牵绊多的人有缘了，怎么也跟家庭牵绊少的人有缘？这也跟长辈有关。所谓有阴就有阳，水瓶座的长辈里，就有这么一个比较自由，没人会管的长辈，这种磁场关系，也会出现在水瓶座的职场人脉圈中。水瓶座不妨也留意周遭这样的人，有些不错的机遇可能会发生在彼此之间。

8种不一样的水瓶座

每年1月21日到2月18日出生的人，都是水瓶座，但不是每个水瓶座都是一样的个性，人脉经营的诀窍也因而有些不一样。这是因为这段时间，只是天上的太阳在水瓶座，但影响一个人表达方式比较大的水星，不一定在水瓶座，而影响一个人喜怒好恶比较大的金星，这段时间也不一定在水瓶座。

水瓶座的人，出生时的水星星座一定是摩羯座、水瓶座、双鱼座这3种之一，不会是别的。就像是玩拼图一样，不把水瓶座的水星星座也纳进来，组合不了这个人完整的个性。

水瓶座＋水星摩羯座

一两智慧胜过十吨辛苦，脑袋决定口袋。——牛根生

因为水星摩羯的关系，这个水瓶座在尝试新事物时，多了分谨慎，需要时间思考，想得比较清楚时才动手。这个水瓶座对于喜欢、在意的事，会变得很坚持，不轻易妥协，比较执著，在工作岗位上也比较耐劳耐操。

这个水瓶座如果是个女的，结婚生子后，小孩的事，家里的事，本人做得要比老公多得多，工作时间或方式最好比较有弹性，以便同时兼顾，到时跟周遭同仁的关系要打好，免得后援不足。

这个水瓶座如果是个男的，结婚生子后，一如单身时人常在外头，到时人脉经营的重点，不是只有外头的哥们儿，还要顾及在家里操持家务的

老婆（或其他女性亲人），否则不易安心拼搏事业。

这个水瓶座有两种类型。一种是行事看心情，心情好时很好沟通，很多事不计较；心情不好时，像个铜墙铁壁，不好沟通。另一种是性情平稳，脾气比较好，无论何时都好说话。前者的人际互动要看心情，心情好时很有魅力，能言善道，而控制自己的情绪，是这个人的人生课题。后者比较好沟通，不会硬要怎么样，对不好的事容易释怀，人际关系也一向不错。

蒙牛集团创始人牛根生、陈坤、黄圣依、杜德伟、李英爱、阿Ken、翁倩玉、英国著名音乐人菲尔·科林斯（Phil Collins）、好莱坞影星戴安·莱恩（Diane Lane）、保罗·纽曼（Paul Newman），以及曾角逐美国副总统的萨拉·佩林（Sarah Palin）等人，都是水星摩羯的水瓶座。

水瓶座＋水星水瓶座

我深知要做一位令人回味的歌手，不能只有一张美丽的脸。

——邓丽君

因为水星水瓶的关系，这个水瓶座想法比较多，另类思考比较多，很有主见，不会人云亦云。他爱思考，也喜欢发表对一些事情的看法，观点都很有见地，言之有物。他私底下会对人品头论足，不见得都是批评，有时候纯粹只是一些观点，不过在谈论他人时，最好慎选听众，否则易生不必要的困扰。

这个水瓶座听人讲话时喜欢听重点，某人如果跟他讲一件事，讲得太细、太多旁枝末节，他会希望对方快点讲重点，有时会把话头直接拉到他想听的部分。这个水瓶座更怕碰到啰唆的人，一方面是因为对细琐的事没耐心理会，另一方面是因要做的事太多，没空听人啰唆。不过吊诡的是，他虽然不爱听人絮絮叨叨，可是自己讲到兴头上时，却是挺多话，这个反差最好人前多留意些。

邓丽君、章子怡、邓超、胡兵、李心洁、张静初、邢傲伟、辛晓琪、德云社于谦、蔡健雅、王祖贤、阿娇钟欣桐、杨千嬅、林韦伶、张世、刘至翰、柯有纶、成奎安、刘青云、日星酒井法子、吉濑美智子、迈克尔·乔丹（Michael Jordan）、美国著名歌手贾斯汀·汀布莱克（Justin Timberlake）、奥普拉·温弗瑞（Oprah Winfrey）、好莱坞影星艾希顿·库奇（Ashton Kutcher）、詹妮弗·安妮斯顿（Jennifer Aniston）、法国总统尼古拉·萨科齐 （Nicolas Sarkozy） 、猫王女儿莉萨·普莱斯利（Lisa Presley）、日本艺术家村上隆等人，都是水星水瓶的水瓶座。

水瓶座＋水星双鱼座

我可以不要沮丧，但是不能失去恐惧，因为恐惧可以帮人。——顺子

因为水星双鱼的关系，这个水瓶座比较感性，有才情，喜欢思考，喜欢接触跟文艺有关的事物，如听音乐、唱歌、看书等。他看事情想得比较多，有时会瞻前顾后，这时需要有个人适时地肯定一下、鼓舞一下，才不会事情做着做着不了了之。

这个水瓶座，人前是客气的，容易给人好印象，在比较熟的人面前（例如家人），才会直接些，想怎样会直接讲。这个水瓶座如果是个女的，她喜欢跟朋友分享生活点滴，这是她跟人交流的习性，结交的朋友也多是能谈心的。如果是个男的，他在外头比较能跟人说些话，回到家就变得话少，大部分的时间是一个人做自己的事，不过他比其他的水瓶男要感性体贴些，异性缘不错，职场上应多跟女性打交道，互动起来会顺畅些。

顺子、钟楚红、王羽佳、叶玉卿、郭采洁、好莱坞影星约翰·特拉沃尔塔（John Travolta）等人，都是水星双鱼的水瓶座。

水瓶座的人，他的金星星座一定是射手座、摩羯座、水瓶座、双鱼座、白羊座这5种之一，不会是别的。金星星座影响一个人的喜怒好恶，如果不把水瓶座的金星星座也考虑进来，难以知道他跟人相处的全貌。

水瓶座＋金星射手座

拥有太多反而无法成为生命的行李。——李英爱的座右铭

因为金星射手的关系，强化了这个水瓶座喜欢出门，喜欢到处走走看

看的个性。他只要出门心情就会变得比较好，至于他是爱玩型，会主动找人出门的，还是被动型，习惯等熟人来约的，两种模式都有可能。这个水瓶座出门就会花钱，不款待慰劳一下自己，他会觉得没玩尽兴，而且只要出门就会想在外头待久一点，多去几个地方，如果只是出门晃一下，或是只在近处转一圈，对他而言，都不算出门，也就无法尽兴。

这个水瓶座更喜欢新鲜事物，更喜欢接受挑战，职场上最好多接触新业务、新项目，多跟与自己背景、专业不一样的人交往。如果可能，多跟远方（异乡）人士往来，或是去异地工作，比较容易碰到贵人。

这个水瓶座有两种类型。一种是比较大方，比较外向，比较会笑脸迎人；另一种是比较矜持，比较内敛，经常是一号表情。前者给人的感觉比较亲切随和，话也比较多，职场工作适合多跟人接触，多往外走，靠人缘吃饭；后者不善交际应对，也不喜欢应酬，适合居于幕后的工作，或是靠专业技能吃饭。

无论是哪一种类型，这个水瓶座对朋友都很够义气，对家人也很好，能帮的忙会尽量帮，是不少人的贵人。

李英爱、李心洁、陈致中、蔡郁璇、成奎安、新加坡导演梁智强、法国总统尼古拉·萨科齐（Nicolas Sarkozy）等人，都是金星射手的水瓶座。

水瓶座＋金星摩羯座

当每个人都认为我会失败的时候，我的胜算反而比较大。

——迈克尔·乔丹（Michael Jordan）

因为金星摩羯的关系，这个水瓶座有两种类型。一种是比较活泼大方，会主动跟认识的人打招呼；另一种是比较拘谨（在不熟的人面前更严重），话不多，经常是陪坐在一旁，人际互动比较被动。不论是哪一种，他跟陌生人都是比较慢熟的，要几回下来才会放得开，后者需要的时间会长一些。

他很务实，做事踏踏实实，要比其他水瓶座能忍受重复性的事物，更在意成就感，更想要过有质感的生活。他自我的要求高，很想力争上游，职场上会很努力、很投入。耐劳耐操的精神，遗传自女性长辈（妈妈或其他女性）的比较多。

如果这个水瓶座是个女的，她的购买欲就比较强，喜欢有质感的东西，但不会乱花钱，买下任何东西之前，她都会先想一想，确认是需要的，而且质量价钱都还行，这才买下；她的人际关系中，有几个熟识彼此常交换购物心得。如果是个水瓶男，要比水瓶女来得节俭些，没像水瓶女那么爱逛街，会买的东西也不多，不过对于几项有兴趣的事物，他一花就是不少钱，而人际关系中，有几个好朋友跟他一样也喜欢那些事物。

这个水瓶座因为对工作比较投入，人际关系大都因工作而来，或是因工作伙伴的关系而认识别的圈子的人，求学阶段也有类似的情形。他人脉经营的重点，应着眼于周遭平日常互动的人，关系比较远的，就不必太费心。他跟周遭的人，多一个好交情，就多一份机会；多交恶一个人，就多一份危机，反映很立即也很现实。工作圈子里的人，不论他喜欢不喜欢，都是他首要关注的对象。

这个水瓶座的上一代，曾跟亲友因为钱的事情闹不愉快，他本人对钱的事情也最好谨慎些，跟工作伙伴间，或是跟亲友间，只要是牵涉钱的，最好都谨慎处理，免得引发后遗症。

迈克尔·乔丹（Michael Jordan）、章子怡、钟楚红、胡兵、陈坤、杜德伟、杨千嬅、张世、阿娇钟欣桐、王羽佳、邢傲伟、柯有纶、张本渝、酒井法子、歌手贾斯汀·汀布莱克（Justin Timberlake）、影星克里斯蒂安·贝尔（Christian Bale）、戴安·莱恩（Diane Lane）、保罗·纽曼（Paul Newman）、猫王女儿莉萨·普莱斯利（Lisa Presley）等人，都是金星摩羯的水瓶座。

水瓶座＋金星水瓶座

男人应该演皇帝，那种君临天下的感觉确实不一样。——邓超

因为金星也是水瓶座的关系，这个水瓶座要比其他水瓶座，更喜欢自由，更爱多方尝试，也更喜欢不时地想要为自己的生活来点新鲜的变化。

这个水瓶座天生容易碰上跟自己的个性、脾气、专长很不一样的人，在跟人交往时，除了前述贵人的特质外，不妨也多注意跟自己有这样差别的人，会发觉彼此蛮容易投缘的。

这个水瓶座在人前是友善的、亲切的，有吸引人亲近的特质，但是他其实不太喜欢别人没事常找他、黏他或是在他耳边絮叨更是不可以。他喜欢保有私人的空间，工作跟生活分得很清楚；人前怎么谈笑，怎么忙都行，但是要有私人的自由空间。

这个水瓶座有两种类型。一种是不大会主动跟自己的家人、手足联系，通常是有事的时候才联系或碰个面（如逢年过节），话题也很有限，一般是讲完该讲的，便不会聊其他的。另一种是会主动跟家人手足打个电话或碰个面的，彼此间常走动联系，了解彼此的近况，相互帮个忙，交流的话题也比较广泛。前者的人际交流几乎都在外头，以男的水瓶座居多；后者的人际交流则是外人及亲族间都有，跟亲人间还比较密切一些，以女的水瓶座居多。

邓超、顺子、辛晓琪、牛根生、蔡健雅、阿Ken、王祖贤、翁倩玉、邓光荣、何守正、日本艺术家村上隆、菲尔·科林斯（Phil Collins）、媒体女王奥普拉·温弗瑞（Oprah Winfrey）、影星艾希顿·库奇（Ashton Kutcher）等人，都是金星水瓶的水瓶座。其中邓超、奥普拉·温弗瑞、辛晓琪、蔡健雅、何守正、村上隆、艾希顿·库奇等人的水星也是水瓶座，所以他们是纯水瓶座的人。前述提到有关水瓶座的性格特征及人脉经营心法，对纯水瓶座的人而言会更强烈些。

水瓶座＋金星双鱼座

一个婚姻特别幸福的闺蜜告诉我，结婚的感觉就好像是在最好的朋友家里过夜，两个人在一个被窝里头有说不完的悄悄话。我想要的爱情就是那样的。——张静初

因为金星双鱼的关系，这个水瓶座虽然喜欢跟朋友交流，人前随和好相处，但私底下其实不爱被打扰，喜欢闲散悠哉地做自己的事。他虽然喜

欢跟朋友聚聚，但不喜欢别人临时来找，要找他最好先约好，他好有个准备，不喜欢突如其来地找他，乱了他的生活步调。他对不在掌控内发生的事，容忍度比较低，连续出现的话，容易有情绪。

他交朋友更在意投缘，如果话不投机，或是在一起不自在，不知该聊什么，这种关系他不会有兴趣。他心情好的时候，很幽默风趣，很能感染旁人，这时是个很有魅力的人。可是当他心情差的时候，会变得不讲话，肃穆的神情会让人想避开点。

这个水瓶座是个感性浪漫、幽默风趣的人，但因情绪波动比较大，最好每天都有个独处的时光来沉淀心情。他虽然在交际应酬的场合，颇能带动气氛，但其实跟聊得来的朋友边吃边闲聊，才是他最爱做的。

彼此聊得来，是这个水瓶座跟人建立关系的重要前提。经营人脉虽有随缘的心态，但仍很在乎给别人的印象。每次出门前，他都会把自己调整到最佳状态，目的就是想给人好印象。嘴甜，会赞美他，会逗他开心，会先对他笑的人，往往能跟他建立不错的关系。

张静初、邓丽君、黄圣依、德云社于谦、王祖贤、郭采洁、宋新妮、刘至翰、叶玉卿、林韦伶、日星吉濑美智子、影星约翰·特拉沃尔塔（John Travolta）等人，都是金星双鱼的水瓶座。

水瓶座＋金星白羊座

世上有一种永远亏本的事，那就是发脾气。——民间谚语

因为金星白羊的关系，这个水瓶座比较有个性，情绪是外显的，不过脾气通常来得快，去得也快，发泄一下就好了。这个水瓶座比较有胆识，敢尝试，做事干脆，不喜欢拖拉。他的反应机敏，对于初次上手的事物，摸了一阵子之后，很快就会进步。

这个水瓶座好强，性子比较急，不喜欢拖事情，工作起来，有"拼命三郎"的精神，很投入、很敬业。他是性情中人，个性有吸引人的地方，容易结交死党哥们儿。不过事情不顺或是不被当一回事时，他会冲动，人际交流宜多发挥风趣开朗的一面，脾气要尽量克制。

他容易冲动，冲动性花钱，冲动地去做一件事，冲动得发脾气，等等。如何克制容易冲动的性子，是他与人交往很重要的课题。

刘青云、萨拉·佩林（Sarah Palin）、影星詹妮弗·安妮斯顿（Jennifer Aniston）等人，都是金星白羊的水瓶座。

水瓶座的人，出生时水星是什么星座，金星是什么星座，以下附了两张表，供出生在1950年到1990年的水瓶座查询。

表一　不同水星星座的阳历出生日期

年	水星摩羯	水星水瓶	水星双鱼
1950	1.21～2.14	2.15～2.19	无
1951	1.21～2.9	2.10～2.19	无
1952	1.21～2.2	2.3～2.19	无
1953	1.21～1.25	1.26～2.11	2.12～2.18
1954	无	1.21～2.4	2.5～2.19
1955	无	1.21～2.19	无
1956	2.3～2.15	1.21～2.2 2.16～2.19	无
1957	1.21～2.12	2.13～2.18	无
1958	1.21～2.6	2.7～2.18	无
1959	1.21～1.30	1.31～2.16	2.17～2.19
1960	1.21～1.23	1.24～2.9	2.10～2.19
1961	无	1.21～2.1	2.2～2.18
1962	无	1.21～2.18	无
1963	1.21～2.15	2.16～2.19	无
1964	1.21～2.10	2.11～2.19	无
1965	1.21～2.3	2.4～2.18	无
1966	1.21～1.26	1.27～2.13	2.14～2.18
1967	无	1.21～2.5	2.5～2.19
1968	无	1.21～2.1 2.12～2.19	2.2～2.11
1969	无	1.21～2.18	无
1970	1.21～2.13	2.14～2.18	无
1971	1.21～2.7	2.8～2.19	无
1972	1.21～1.31	2.1～2.18	2.19

年	水星摩羯	水星水瓶	水星双鱼
1973	1.21～1.23	1.24～2.9	2.10～2.18
1974	无	1.21～2.2	2.3～2.18
1975	无	1.21～2.19	无
1976	1.25～2.15	1.21～1.24 2.16～2.19	无
1977	1.21～2.10	2.11～2.18	无
1978	1.21～2.4	2.5～2.18	无
1979	1.21～1.28	1.29～2.14	2.15～2.19
1980	无	1.21～2.7	2.8～2.19
1981	无	1.20～1.31 2.17～2.18	2.1～2.16
1982	无	1.21～2.18	无
1983	1.21～2.14	2.15～2.19	无
1984	1.21～2.8	2.9～2.19	无
1985	1.20～2.1	2.2～2.18	无
1986	1.21～1.24	1.25～2.11	2.12～2.18
1987	无	1.21～2.3	2.4～2.19
1988	无	1.21～2.19	无
1989	1.30～2.14	1.20～1.29 2.15～2.18	无
1990	1.21～2.11	2.12～2.18	无

※不确定自己是什么星座的，可以上星吧网查询（xingbar.com.cn）。

表二　不同金星星座的阳历出生日期

年	金星射手	金星摩羯	金星水瓶	金星双鱼	金星白羊
1950	无	无	1.21～2.19	无	无
1951	无	无	1.21～1.31	2.1～2.19	无
1952	1.21～1.27	1.28～2.19	无	无	无
1953	无	无	无	1.21～2.2	2.3～2.18
1954	无	1.21～1.22	1.23～2.15	2.16～2.19	无
1955	1.21～2.5	2.6～2.19	无	无	无
1956	无	无	无	1.21～2.11	2.12～2.19
1957	无	1.21～2.5	2.6～2.18	无	无
1958	无	无	1.21～2.18	无	无
1959	无	无	1.21～1.31	2.1～2.19	无
1960	1.21～1.27	1.28～2.19	无	无	无

年	金星射手	金星摩羯	金星水瓶	金星双鱼	金星白羊
1961	无	无	无	1.21～2.2	2.3～2.18
1962	无	1.21	1.22～2.14	2.15～2.18	无
1963	1.21～2.5	2.6～2.19	无	无	无
1964	无	无	无	1.21～2.10	2.11～2.19
1965	无	1.21～2.5	2.6～2.18	无	无
1966	无	无	1.21～2.6	2.7～2.18	无
1967	无	无	1.21～1.30	1.31～2.19	无
1968	1.21～1.26	1.27～2.19	无	无	无
1969	无	无	无	1.21～2.2	2.3～2.18
1970	无	1.21	1.22～2.14	2.15～2.18	无
1971	1.21～2.5	2.6～2.19	无	无	无
1972	无	无	无	1.21～2.10	2.11～2.19
1973	无	1.21～2.4	2.5～2.18	无	无
1974	无	无	1.21～1.29	1.30～2.18	无
1975	无	无	1.21～1.30	1.31～2.19	无
1976	1.21～1.26	1.27～2.19	无	无	无
1977	无	无	无	1.21～2.2	2.3～2.18
1978	无	无	1.21～2.13	2.14～2.18	无
1979	1.21～2.5	2.6～2.19	无	无	无
1980	无	无	无	1.21～2.9	2.10～2.19
1981	无	1.20～2.4	2.5～2.18	无	无
1982	无	1.23～2.28	1.21～1.22	无	无
1983	无	无	1.21～1.29	1.30～2.19	无
1984	1.21～1.25	1.26～2.19	无	无	无
1985	无	无	无	1.20～2.2	2.3～2.18
1986	无	无	1.21～2.12	2.13～2.18	无
1987	1.21～2.4	2.5～2.19	无	无	无
1988	无	无	无	1.21～2.9	2.10～2.19
1989	无	1.20～2.3	2.4～2.18	无	无
1990	无	1.21～2.18	无	无	无

※不确定自己是什么星座的，可以上星吧网查询（xingbar.com.cn）。

双鱼座

2.19~3.20

双鱼座的性格特征

有梦最美

被自己创立的公司解雇后，他曾彷徨无措，但发觉还是爱做原来做过的事。史蒂夫·乔布斯（Steve Jobs，双鱼座）有个梦想，想用计算机填补科技与艺术之间的鸿沟。他创立过的公司，制作过叫好又叫座的全计算机动画电影，像艺术品一样动人的个人计算机，而Iphone及Ipad更开展了人类沟通的新境界。

不到20岁的时候，他在一间录音室打杂，工作辛苦，薪水也少得可怜，但他不以为意。每天看到仰慕的乐手进出，狂爱音乐的邦乔维（Bon Jovi，双鱼座）暗自发誓，有朝一日，他一定要在摇滚乐界出人头地。

为了一圆唱歌梦，他曾跟人借钱报名参加歌唱班，薪资微薄的父亲甚至威胁要跟他脱离父子关系。2010年，林育群（双鱼座）登上全球媒体版面，成为第一位受邀上美国脱口秀的中国台湾歌手。

双鱼座需要一个愿景，支撑他面对人世间的凡尘俗事，否则会像折翼的风筝，张扬不起来。双鱼座心里的那道彩虹，可能是远大的志向，也可能只是为自己谋求美好的生活，但不论是什么样的念头，他需要那样的憧憬，否则日子会很乏味，过得很没劲儿。

双鱼座的愿景，不会只有远大的梦想，还有日常生活里各式各样的遐思、念头，为他的生活打气，增添生命力。双鱼座是个需要憧憬的人，有憧憬他才会有动力，否则会变得懒洋洋的，干什么都提不起劲。

憧憬的形式很多。例如，吃遍城里最好的餐厅，玩遍各大名山胜景，一定要去哪里玩，想学会什么，想买到什么，想做到什么，成为最棒的什么人，等等，不一而足。不一定是攸关人生志业的大事，也可能是给自己一个生活期许，让自己变得更好，过得更充实，但不论如何，这些憧憬，一定是双鱼座喜欢的。

能够结合憧憬跟工作的双鱼座，做起事来会更有干劲，更有方向感，因为天天生活在自己喜欢的轨道上，每一天都朝憧憬的方向前进，再辛苦都不以为意。就算是没跟工作结合，双鱼座也会利用这些憧憬，形成其他的生活重心，让自己活得有意义。

设身处地，善解人意

年轻的时候，他的脾气比较火爆，很多公司的职员都不大敢跟他同乘电梯。可是在有了小孩之后，史蒂夫·乔布斯（Steve Jobs，双鱼座）变得温和了，因为他会想到那些职员，家里也有亲人小孩……

他11岁开始饮酒，12岁吸烟和吸食大麻，13岁开始尝试可卡因，14岁进勒戒所，而且前后三次。荒唐的过去，让德鲁·巴里摩尔（Drew Barrymore，双鱼座）很能理解有类似际遇的人……

不论外在行为如何，双鱼座的内心里都有个敏感、柔软的地方，让他容易受情绪摆布，容易受他人影响，容易心软感动，也容易感受旁人的心思，理解旁人的需要，领悟旁人的意思。这个敏感柔软的部位，是个侦测器，能察觉旁人容易忽略的细微处；也像个海绵，吸纳所有感应到的信息，不论那些信息是众人的情绪，还是隐含的社会脉动。

双鱼座感性、直觉敏锐、观察力强，能很快地跟人感同身受的站在一块。如果将这份能耐发挥在商场上，双鱼座能提供贴近人心，让人赞赏的产品；用在职场上，能察言观色地与人周旋；用在社交场合中，能温和周到地待人；用在铁杆哥们儿面前，能无私付出，温暖相待；用在异性面前，能让人感动。

双鱼座容易替别人着想，因此乔布斯（Jobs）退了学，不想让养父母辛苦承担高昂的学费。也因为善解人意，能设身处地看待人和事物，双鱼座对人往往也比较宽容，会跟人尽弃前嫌；巴里摩尔（Barrymore）虽然用法律途径摆脱了一直把她当摇钱树的母亲，但仍很感激她继承了母亲旺盛的精力、幽默感，以及对知识和音乐的热爱。

想得多

小时候有次生病要打针，大哭大闹，爸爸指着注射室的灯泡对她说："看看看，为什么这个小玻璃球会发光呢？"苗圃（双鱼座）望着灯泡开始思考，打完针都不知道。

双鱼座容易想得多。因为想得多，所以能贴近人心；因为想得多，所以能察言观色；因为想得多，所以周到；因为想得多，所以能善体人意；因为想得多，所以能未雨绸缪。但也因想得多，顾虑和操心也多；因为想得多，容易瞻前顾后，患得患失；因为想得多，容易杞人忧天，不易持平常心看待事情。

双鱼座心思细，善感，对任何事都会联想到旁人不太注意的地方，这对外在行为有正面的影响，也有比较负面的影响。而双鱼座的一生，都在寻求这方面的平衡感。双鱼座的情绪，容易因心思而波动，没事的时候，开朗风趣，率真自信；有事的时候，愁眉深锁，不易亲近，情绪的跨度比较大。

执著与随遇而安的处世态度，同时存在双鱼座的身上。他有时能让能放，什么事都想得开；有时又会变得很固执，很在乎一些事。这不同态度间的逻辑，旁人有时不易理解，但说穿了，就是"感受"两字。感受好，双鱼座阳光自信；感受不好，他就会阴晴不定，难以捉摸。

喜欢分享

我从危难中存活，是上帝恩赐我的奇迹，我必须把上帝赐我的爱，分享给更多人。——伊丽莎白·泰勒（Elizabeth Taylor）

双鱼座喜欢跟人分享，范围很广泛。分享好处，分享趣闻，分享新知，分享近况，分享荣耀，分享糗事，分享牢骚，分享担忧的事。分享的程度看交情，也会视对象是一个人，还是数个人，做不同程度的交流。女的双鱼座要比男的双鱼座更喜欢跟三五好友分享生活中的点点滴滴。

双鱼座不只喜欢跟人分享自己的事，也是个好听众。朋友有烦恼，他愿意听；朋友有麻烦，他愿意帮；朋友有计划，他愿意出主意，或是直接参与。朋友的烦恼、困难，他会聆听，会做响应，会给意见，不会不当一回事。

跟人分享是双鱼座与人交流，跟人建立关系的重要过程，也是他把某人当一回事，或是判断别人是否当他是一回事的重要指标。如果跟某人没讲些体己私密的话，他很难跟对方建立进一步的交情，因为感觉没到位。同样的，如果某人不爱听他的生活点滴，或是不认同他对某件事的感悟，他的心里会有谱，知道彼此的交情到哪里。

喜欢交流，也需要独处

生命如春花夏鸟秋枫冬雪，每个生命阶段都应有它的风光。

——林谷芳

双鱼座每天都会安排一段不受打扰的时间，做想做的事，或是想一些事。如果没有这段独处时间，沉淀一下心情，他的情绪会变得不太好。

双鱼座享受独处，但不喜欢孤单，女的双鱼座这方面的情形会更明显些。双鱼座喜欢有人陪在身边，但最好别吵他；他喜欢跟人交流，喜欢跟人分享生活点滴，但要看情形，不是随时都可以，他也需要安静，需要没人打扰的时候。就像是电池需要充电一样，双鱼座如果没有这么一个不受打扰的时间，他会失调，做什么都不对劲。

双鱼座喜欢穿梭于安静的国度及熙熙攘攘的人际互动中，而且喜欢享受这份可以悠游来去的自在感。双鱼座向往闲适自在的生活方式，做什么，以及什么时候做，由自己决定，但这在现实生活里往往不容易做到，因此每天的独处时光，让自己清闲神游一下，也算是种补偿。

双鱼座的人脉经营心法

只要愿意，就是天生的公关好手

一个人相信自己是什么，就会是什么。——民间智慧

双鱼座的情绪虽然容易受人影响，波动比较大，但如果懂得自我节制，发挥善体人意，懂得抓住人心的天性，在社交场合还是很容易博得好感，建立不错的人际关系的。

双鱼座虽然私底下爱静、爱闲散，被人打扰或是被琐事缠身时，脸色往往不好看，不过双鱼座仍有着变色龙的本领，环境的融入力强，到哪里都能调适，只要他愿意。不一定要长袖善舞，双鱼座凭着周到客气的态度，贴心体己的举止，仍能营造好形象，吸引他人的好感。

双鱼座是天生的好演员，人前一向能将自己调整到最佳状态，过一场完美精彩的演出，人后的样态则是私人的事，不需给别人看，一般人也无从得知。双鱼座可以这么告诉自己，充了电的我将魅力四射，但我不能在社交场合待太久，我需要休息，需要一个人静一下，充个电。

独处沉淀，掌握情绪

安静是生命的皇冠。——英国谚语

双鱼座是个特别需要独处的人，但独处不是与世隔绝，不是独守空闺，而是没人打扰，自己能静一静，做点喜欢做的事。双鱼女的独处，通常希望有人陪在附近，但别吵到她，她想找人讲话时，希望随时能找得到人。

独处是双鱼座沉淀心情、蓄势待发的每日功课，就像是即将登场的主角一样，必须先在后台静一静，调整情绪，让心思到位，然后出场。双鱼座若想在工作岗位上有好的表现，想在社交场合里有迷人的演出，好整以暇地静一静，是个很好的方法。不论是在日常作息中的忙里偷闲，还是每晚睡前的静一静，这样的安排有助于双鱼座拿出最好的一面。

双鱼座向往遨游自在的生活形态，喜欢掌握自己的时间表，掌握自己的生活节奏，不喜欢受人影响，也不喜欢待命似的随时被人打扰。如果现实生活不容易做到这点，就每天至少安排一段时间静一静，不受人打扰，也能弥补一下这渴望；渴望满足了，人会精神些，情绪会好一些，待人接物会更迷人些。

分享可以，牢骚别太多

双鱼座喜欢跟人分享生活点滴，这是他与人互动的特色，如果没跟人讲一些最近碰到的事，或是感悟到的心得，他会觉得好像没聊什么，没跟人心灵交流。双鱼座坐下来跟朋友闲聊时，通常很快的就能填补近来的空白，对方如果是个好听众，或是也乐于分享自己的趣闻近况，场面会更融洽热络。

多跟人话家常是双鱼座应该做的事，这很容易拉近跟他人的距离，但要留意别引起副作用。双鱼座跟人闲聊的过程中，会顺便吐些苦水、发些牢骚，多跟人有关，如果偶一为之，听者会打气、会劝慰，或是出主意提建言，但如果每次都会吐些苦水，发的牢骚都大同小异，甚至是同一件事，久了，别人再怎么想分享也会觉得乏味，没意思。

双鱼座遇事会习惯找亲近相信的人问意见。双鱼座的一生中，总有几个这样的良师益友，是他常问询的对象。双鱼座对自己的糗事，对自己遭遇的困扰，尤其是跟人有关的，不会吝于跟人说，问题是否就此解决还在其次，他人的同情、参与才是重点。双鱼座不会自私地老说自己的事，他也是个好听众，朋友的苦水、牢骚，他也会听，会认真地想建议，能帮一把的地方就尽量帮。不过双鱼座要注意的是，朋友提供的建议，自己如果只是爱听，享受被关注的感觉，却不见得去做，次数多了，朋友也可能会觉得没意思。

双鱼座通常很能聊、很会讲，日常里的点滴是他跟人交流的重要素材，得意的事会讲，抱怨也会吐，但是双鱼座要了解：社交场域里，垃圾桶不是唯一的道具，除了牢骚，还有其他的话题可以跟人交流，而且也不是所有的人都爱听别人发牢骚，双鱼座偶尔抒发即可，仍应多尝试其他别人爱聊的。

别让人纳闷，到底要怎样

情诗的最高境界就是爱意要仿佛河里的游鱼，捉摸不定，若隐若现。

——韩寒

双鱼座容易想很多，不见得只是为了琢磨事情，更多的时候是天马行空的想东想西。想的东西可能是突然闪入的，或是因别的事引发的，可能是不着边际的遐想，或杞人忧天的多想，瞻前顾后的多虑，不一而足。如果只是自个玩味也就罢了，若经常找人商量，问看法，一次两次还行，次数多了，会产生弹性疲乏，旁人（多半是熟识的）会渐渐哼哼哈哈地应付。

想很多不是坏事，但如果是没来由的、空穴来风的、捕风捉影的，那么想再多也没用。前后矛盾莫衷一是的，便容易让旁人困扰，如果是出现在工作上，就容易让人抓狂。

有的双鱼座习惯凭感觉做事，凭感觉抓方向，或是习惯不说清楚，用暧昧不明的态度，让人自行揣测，靠心领神会做交流，这就容易让个性比较实际、比较干脆、比较一板一眼的人摸不着边际，不知如何互动。

双鱼座人前多半能给人好印象，广结善缘不是难事，但要避免给人没事找事、自寻烦恼，或是模棱两可、心意不定的感觉，否则旁人会不想一块议论事情。

被依赖，适可而止

> 你总是心太软，心太软，把所有问题都自己扛……该放就放，再想也没有用。
>
> ——任贤齐的《心太软》

双鱼座容易心软，不善拒绝人，也不忍让人难过，这是他顾念情分的天性，也是他吸引人的特质。但是该说不的时候，还是得说，即使对方是熟识也得说，否则后续困扰不断，引发的麻烦，将远多于当初如果说不的窘境。

双鱼座不善于拒绝人，不善于推拒事情。部分原因，缘于他喜欢别人有事情需要他的感觉。被人需要，让双鱼座有种助人济世的情怀，觉得自己过得挺有意义。这种情怀如果放大了，形成常态了，就会让双鱼座觉得许多事需要他，非他不行，只能靠他了，否则相关的人怎么办。

喜欢被需要，进而被依赖惯了，事情自然容易缠身，除了大小事忙不完，狗屁倒灶的事源源不绝，还容易因此情绪不稳，人际关系不和谐，健康也容易受影响。这样的情形，不只出现在双鱼座的工作上，也会出现在他的生活里。

双鱼座其实比较适合闲云野鹤的生活形态，他会因此快乐些，人际关系和谐些，但喜欢被需要、只能靠我的心态，会让他静极思动地想揽事做。忙不是坏事，有事做生活才有重心，不过双鱼座最好能避免非我不可的想法，或是过度地替别人着想，别认为没有我事情就做不下去，要学习适时的取舍放下，否则过度了，对自己、对相关的人，都不是好事。

跟随和好相处的人有缘

> 和太强的人在一起，我会感觉不到自己的存在。——罗兰

双鱼座为何跟随和好相处的人有缘？这事得从双鱼座的长辈说起。双鱼座小的时候，家里有位长辈（父母，或其他亲人），个性比较随和，不大会管小孩，对小孩的要求也不多，顶多在重要的事情上讲两句，不会硬

要小孩干什么，是个在小孩以及亲友眼中，好相处、好沟通的人。反观另一位长辈（可能是父母中的另一位，或其他亲人），则要求严、规矩比较多，小孩要过他（她）那一关比较难，是个个性强、不好商量事情的人。

双鱼座在职场闯荡时，不妨多留意身旁或在社交场合碰到的个性好相处、好商量的人，这样的人要比其他人，为双鱼座带来好运的可能性高一些。

同理类推，双鱼座如果碰到看起来不太好亲近，感觉比较有个性，跟人互动要看情形的人，这样的人也可能成为双鱼座的贵人，在适当时机帮双鱼座一把，有机会跟这样的人拉近关系时，也别错失表现的机会。

跟不大抱怨的人有缘

在生活中，不妨养成"能有，很好；没有，也没关系"的想法，便能转苦为乐，便会比较自在了。——圣严法师

双鱼座也跟不大抱怨的人有缘，原因跟前述亲人的效应一样，也就是家里有位长辈比较随遇而安、比较知足，很少抱怨什么，这个长辈可能跟好相处的是同一人，也可能不是，双鱼座自己会辨别得出来。

同理类推，双鱼座也跟爱抱怨、爱说事、爱发牢骚的人有缘，只不过这样的人，通常没交往到一定的程度，光凭片面之缘不易得知。双鱼座不妨先记在心里，当碰到这样的人时，通过蛛丝马迹应该仍可嗅出端倪。

8种不一样的双鱼座

每年2月19日到3月20日出生的人，都是双鱼座，但不是每个双鱼座都是一样的个性，人脉经营的诀窍也因而有些不一样。这是因为在这段时间，只是天上的太阳在双鱼座，但影响一个人表达方式比较大的水星，不一定在双鱼座，而影响一个人喜怒好恶比较大的金星，这段时间也不一定在双鱼座。

双鱼座的人，出生时的水星星座一定是水瓶座、双鱼座、白羊座这3种之一，不会是别的。就像是玩拼图一样，不把双鱼座的水星星座也纳进来，组合不了这个人完整的个性。

双鱼座＋水星水瓶座

世界是用来探险的，规矩是用来违背的，手洗干净是用来再弄脏的。

——蔡康永

因为水星水瓶的关系，这个双鱼座点子比较多，经常有突发奇想的创意巧思，年轻的时候可能给人古灵精怪，或是爱搞怪的印象，有自己独特的讲话风格。这个双鱼座讨厌啰唆的人，当他碰到说个不停的人时，眼睛也许看着对方，心思可能已飘到别的地方去了。这个双鱼座听人说话，喜欢听重点，不爱听别人说一大堆，有时会岔开对方，或是摆脸色，这在人际交流时要留意。

这个双鱼座很有主见，有自己的想法，不会人云亦云。他喜欢发表对一些事情的看法，私底下会对人品头论足，不见得都是批评，有时候纯粹只是一些观点。这个双鱼座爱思考，观点都很有见地，言之有物，不过在谈论他人时，最好慎选听众及措辞，否则易生不必要的困扰。

蔡康永、李娜、伊能静、孙菲菲、黄沾、宁财神、杨千嬅、高凌风、Angelababy、凤小岳、温升豪、潘慧如、黄腾浩、高以爱、中国台湾纪录片导演杨力州、韩星朴恩惠、张娜拉、日星香里奈、史蒂夫·乔布斯（Steve Jobs）、英国股神安东尼波顿（Anthony Bolton）、加拿大歌手小贾斯汀（Justin Bieber）、黑眼豆豆合唱团的will.i.am、摇滚歌手邦乔维（Bon Jovi）、女星德鲁·巴里摩尔（Drew Barrymore）、女星杰西卡·贝尔（Jessica Bie）等人，都是水星水瓶的双鱼座。

双鱼座＋水星双鱼座

> 耿耿于怀是很小心眼的一个态度。什么事情，好的你老记着，你没办法进步；坏的你老记着，只能让自己更狭窄，永远都有阴影。
>
> ——赵薇

因为水星双鱼的关系，强化了这个双鱼座感性、喜欢思考的一面。这个双鱼座有才情，喜欢接触跟文艺有关的事物，如听音乐、唱歌、看书等。

这个双鱼座要比其他双鱼座想得多，很多事会先想到不好的一面，或是留意会出状况的一面，顾虑的事多，做事也比较仔细。

这个双鱼座跟人讲话时，很在意别人的反应，怕讲错话坏了气氛，有时也会不好意思当面拒绝人。他不清楚别人的意思时，会先客气地兜圈绕着讲，只有在比较熟的人面前（例如家人）才会直接些，想怎样会直接讲。会察言观色是这个双鱼座在拓展人际关系时的利器，但怕讲错话是这个双鱼座跟人交流时的心理障碍，有些时候容易错过第一时间跟人说清楚、讲明白的机会。

这个双鱼座有时候对一件事一开始很有想法、很有企图，可是没多久便有了变化，不再那么坚持，原因多半跟现实受阻，或是有人泼冷水有关。为了避免这种情形常发生，影响他人对本人的观感，这个双鱼座对于想做的事（尤其是重要的）不妨先搁在心里，等推动了一阵子，或观察情势一阵子之后再说。

这个双鱼座如果是个女的，她喜欢跟朋友分享生活点滴，这是她跟人交流的习性，结交的朋友也多是能谈心的。如果是个双鱼男，他在外面比较能跟人说些话，回到家就变得话少，大部分的时间是一个人做自己的事，不过他比其他的双鱼男要感性体贴些，异性缘不错，职场上不妨多跟女性打交道。

赵薇、苗圃、侯勇、胡军、体操王子李宁、李宇春、徐若瑄、蓝正龙、曾宝仪、史可、闫妮、范玮琪、金莎、任达华、郑少秋、钟镇涛、张可颐、洪荣宏、品冠、杨乃文、徐怀钰、六月、联华电子曹兴诚、奇美集团许文龙、日星阵内智则、山下智久、韩星高贤廷、哥伦比亚作家马奎斯（Márquez）、美国蛋糕天王节目主角Buddy Valastro、意大利导演贝纳尔多·贝托鲁奇、英国演员蕾切尔·薇兹（Rachel Weisz）、伊丽莎白·泰勒（Elizabeth Taylor）、布鲁斯·威利斯（Bruce Wilis）等人，都是水星双鱼的双鱼座。

双鱼座＋水星白羊座

我起码是个真实的人，如果胡说八道，那还不如不说。——聂远

因为水星白羊的关系，这个双鱼座有两种类型。一种比较心直口快，心里有话不会憋着，怎么样都会说出来。另一种则比较会看情形做反应，比较会留意别人的态度，比较能隐忍。

前者爽直的个性，固然让人觉得开朗、好亲近，但心情不好时讲话冲，容易在不经意间让人难堪，最好还是要看人、看场合。后者讲话也坦率、也直，但比较会看情形，不该说、不适合说的话，会适时打住，讲话比较容易讨喜。

不论何者，这个双鱼座都做事干脆，不喜欢拖拖拉拉。跟这个双鱼座有缘的人，除了前述的那几种之外，另外也包括干脆利索以及做事不疾不徐的人，职场上不妨也多留意这样的人。

聂远、王学圻、郑中基、陈怡蓉、朱芯仪、选秀红人林育群、NBA球员侠客·欧尼尔（Shaquille O'Neal）等人，都是水星白羊的双鱼座。

双鱼座的人，他的金星星座一定是摩羯座、水瓶座、双鱼座、白羊座、金牛座这5种之一，不会是别的。金星星座影响一个人的喜怒好恶，如果不把双鱼座的金星星座也考虑进来，难以知道他跟人相处的全貌。

双鱼座＋金星摩羯座

不能因为一场失利就影响我自己的生活啊，比赛完了该购物还得购物！

——李娜

因为金星摩羯的关系，这个双鱼座要比其他双鱼座务实、踏实，更在意成就感，更想要过有质感的生活。他的个性比较坚毅，很能熬，只要是想做到的事，再怎么样都会咬着牙坚持下去。

这个双鱼座比较固执，认为自己是对的，便很坚持，旁人怎么说多半没用。他做事也比较谨慎，小心翼翼，勤勤恳恳的不大犯错。不论生活习性如何，一碰到事情，或是工作的时候，整个人便很投入、很认真。

这个双鱼座买东西注重实用性跟质感，会精打细算，不会只因喜欢就出手。他做事跟买东西一样，注重质量，不会随随便便，因为不想坏了形象，砸了招牌。这个双鱼座认为便宜没好货，也相信真正的好东西是持久耐用、历久不衰的。

这个双鱼座因为对工作比较投入，人际关系大都因工作而来，或是因工作伙伴的关系而认识别的圈子的人，求学阶段也有类似的情形，如同学、同寝室、同一个社团的人，就是他的主要人际圈。这个双鱼座人脉经营的重点，应着眼于周遭有关系，常互动的人，关系比较远的，就不必太费心。

这个双鱼座的上一代，曾跟亲友因为钱的事情闹不愉快，他本人对钱的事情也最好谨慎些，跟工作伙伴间，或是跟亲友间，只要是牵涉钱的，最好都谨慎处理，免得引发后遗症。

李娜、苗圃、郑少秋、蓝正龙、李兆基、联华电子曹兴诚、中国台湾企业家王令麟、韩星高贤廷、日星阵内智则、史蒂夫·乔布斯（Steve Jobs）等人，都是金星摩羯的双鱼座。

双鱼座＋金星水瓶座

我只是想做自己，我不要做一个别人希望我去做的那个人。——李宇春

因为金星水瓶的缘故，强化了这个双鱼座想要深刻体验人生，想要多方尝试的倾向。这个双鱼座个性比较独立，有主见，不喜欢别人管他、干涉他，他自己的事会自己处理。

他在人前是友善、亲切的，有吸引人亲近的特质，但是他其实不太喜欢别人没事常找他、黏他，或在他耳边絮叨更是不可以。他喜欢保有私人的空间，工作跟生活分得很清楚；人前怎么谈笑，怎么忙都行，但是要有私人的自由空间。

这个双鱼座天生容易碰上跟自己的个性、脾气、专长很不一样的人，在跟人交往时，除了前述贵人的特质外，不妨也多注意跟自己有这样差别的人，会发觉彼此很容易投缘。

这个双鱼座如果是个女的，要比是个男的有较多元的兴趣跟爱好。双鱼男经常跟固定的朋友聚会，总去同样的地方，有固定的消遣，聊固定的话题，可能连吃的东西也比较固定，上馆子有些东西固定会点。反观双鱼女，人面则比较多元，出门去的地方比较有变化，从事的消遣比较有变化，跟人聊的话题比较多元有趣，饮食也比较会变换口味，经常尝试不一样的东西。

李宇春、赵薇、孙菲菲、曾宝仪、闫妮、任达华、杨千嬅、洪荣宏、杨乃文、柯受良、高凌风、作家朱天心、奇美集团许文龙、体操王子李宁、日星香里奈、英国股神安东尼波顿（Anthony Bolton）、影星布鲁斯·威利斯（Bruce Wilis）、女星杰西卡·贝尔（Jessica Bie）等人，都是金星水瓶的双鱼座。

双鱼座＋金星双鱼座

只要不断有作品，总有翻牌机会。——宁财神

因为金星也是双鱼座，强化了这个双鱼座喜欢闲情逸致，好整以暇的生活步调，不论平日有多忙，每天都一定会抽出时间，让自己静一静，舒缓一下。他在人前是随和好相处的，但在属于自己的时间，如下了班、收了工、休假的时候，他很不喜欢有别的状况，乱了他的时间表。他喜欢跟朋友天南地北地闲聊，但不喜欢别人临时来找，要找他最好先约好，他好有个准备。这个双鱼座，对自己的时间表、对日常的作息，掌控欲比较强，喜欢先安排好、先有个底，不喜欢临时有事乱了步调。

这个双鱼座要比其他双鱼座更像电池需要充电、需要静一静，不能在人多的公开场合待太久，否则情绪容易失调，进而影响人前表现。

因为金星双鱼的关系，让这个双鱼座的表情神色大大影响他跟周遭人的关系。当他心情好，展现亲切随和的作风时，很容易让人对他有好感；可是当他心里有事、静默不语时，肃穆的神情也容易让人想避开点。

在社交场合，他通常能展现风趣的一面，乐意跟人互动，但是跟几个聊得来的朋友边吃边闲聊，其实才是他最爱做的事。他是个工作跟生活分得很开的人，不管外头认识多少人，在公开场合有多活跃，他还是喜欢回归单纯的生活。

宁财神、蔡康永、侯勇、胡军、龚蓓苾、Angelababy、徐怀钰、黄品源、六月、郭世伦、温升豪、黄沾、朱芯仪、艺人谭艾珍、主持人于美人、选秀红人林育群、韩星朴恩惠、韩星张娜拉、日星山下智久、英国演员蕾切尔·薇兹（Rachel Weisz）、加拿大歌手贾斯汀·比伯（Justin Bieber）、摇滚歌手邦乔维（Bon Jovi）、女星德鲁·巴里摩尔（Drew Barrymore）等人，都是金星双鱼的双鱼座。

其中侯勇、胡军、六月、于美人、徐怀钰、谭艾珍、郭世伦、山下智久、蕾切尔·薇兹等人的水星也是双鱼座，所以他们是纯双鱼座的人。前述提到有关双鱼座的性格特征及人脉经营心法，对纯双鱼座的人而言会更强烈些。

双鱼座＋金星白羊座

别让那些风言风语左右了你的生活。

——伊丽莎白·泰勒（Elizabeth Taylor）

因为金星白羊的关系，这个双鱼座比较会搞浪漫，会逗趣，会制造气氛，社交场合多能给人愉快的体验，不过还是要看他的心情。他心情好时很迷人，心情不好时，脾气则不小，情绪会上脸，不过不一定是跟人有关，有时是因为事情；好在他的脾气多是在私底下发作，而且来得快去得也快，发泄一下就好了。

这个双鱼座好强，性子比较急，比较干脆，不喜欢拖事情，工作起来，有"拼命三郎"的精神，很投入、很敬业，常把自己搞得很累。他比较有个性，是性情中人，对人好时很体贴、很热情，个性有吸引人的地方，不过当事情不顺或是不被当一回事时，会冲动。这个双鱼座有胆识、敢尝试，职场适合能独当一面、能开疆辟土的工作，是个带头型的人物。

伊丽莎白·泰勒（Elizabeth Taylor）、聂远、王学圻、伊能静、徐若瑄、史可、宁财神、张可颐、金莎、钟镇涛、明道、品冠、潘慧如、中国台湾纪录片导演杨力州、哥伦比亚作家马奎斯（Márquez）、美国蛋糕天王节目主角Buddy Valastro、NBA球员侠客·欧尼尔（Shaquille O'Neal）、黑眼豆豆合唱团的will.i.am等人，都是金星白羊的双鱼座。

双鱼座＋金星金牛座

最亲的朋友和女孩，我的心一直在摇摆，一边是友情，一边是爱情，左右都不是，为难了自己。——郑中基的《左右为难》

因为金星金牛的关系，让这个双鱼座有两种类型。一种是很随和，好说话、好相处；另一种是比较有个性，情绪比较多，给人不大好接近的感觉。前者有随遇而安的个性，容易吸引人亲近，人缘比较好，职场上获得他人提携及帮助的机会比较多；后者比较自我，职场打拼需要靠实力，不过如果能多听别人说的，许多事会更顺畅些。

不论是哪种类型，这个双鱼座对人、事、物都有偏爱某个味，偏爱某个调调的倾向。例如，做不腻某种工作，乐在其中；特别爱某种玩意儿，经常玩；很爱吃某些食物，吃不腻；跟某些人经常在一起，不会腻等。他很感性，喜欢有质感的事物，享受生活带来的乐趣，对老朋友很好，重情重义，是个忠诚可靠的朋友，不过要跟他建立交情，最好有相同喜爱的事物或共同经历过一些事。

郑中基、余斯敏、凤小岳、小娴、歌手高以爱、意大利导演贝纳尔多·贝托鲁奇（Bernardo Bertolucci）等人，都是金星金牛的双鱼座。

双鱼座的人，出生时水星是什么星座，金星是什么星座，以上附了两张表，供出生在1950年到1990年的双鱼座查询。

表一　不同水星星座的阳历出生日期

年	水星水瓶	水星双鱼	水星白羊
1950	2.20～3.7	3.8～3.21	无
1951	2.20～2.28	3.1～3.16	3.17～3.21
1952	2.20	2.21～3.7	3.8～3.20
1953	无	2.19～3.2 3.16～3.20	3.3～3.15
1954	无	2.20～3.20	无
1955	2.20～3.17	3.18～3.21	无
1956	2.20～3.11	3.12～3.20	无
1957	2.19～3.4	3.5～3.20	无
1958	2.19～2.24	2.25～3.12	3.13～3.20
1959	无	2.20～3.5	3.6～3.21
1960	无	2.20～3.20	无
1961	2.25～3.18	2.19～2.24 3.19～3.20	无
1962	2.19～3.15	3.16～3.20	无
1963	2.20～3.9	3.10～3.21	无
1964	2.20～2.29	3.1～3.16	3.17～3.20
1965	2.19～2.21	2.22～3.8	3.9～3.20
1966	无	2.19～3.2	3.3～3.20
1967	无	2.20～3.21	无
1968	2.20～3.17	3.18～3.20	无
1969	2.19～3.12	3.13～3.20	无

年	水星水瓶	水星双鱼	水星白羊
1970	2.19～3.5	3.6～3.20	无
1971	2.20～2.26	2.27～3.14	3.15～3.21
1972	无	2.20～3.5	3.6～3.20
1973	无	2.19～3.20	无
1974	无	2.19～3.2 3.18～3.20	3.3～3.17
1975	2.20～3.16	3.17～3.21	无
1976	2.20～3.9	3.10～3.20	无
1977	2.19～3.2	3.3～3.18	3.19～3.20
1978	2.19～2.23	2.24～3.10	3.11～3.20
1979	无	2.20～3.3	3.4～3.21
1980	无	2.20～3.20	无
1981	2.19～3.18	3.19～3.20	无
1982	2.19～3.13	3.14～3.20	无
1983	2.20～3.7	3.8～3.21	无
1984	2.20～2.27	2.28～3.14	3.15～3.20
1985	无	2.19～3.6	3.7～3.20
1986	无	2.20～3.3 3.12～3.20	3.4～3.11
1987	3.12～3.13	2.20～3.11 3.14～3.20	无
1988	2.20～3.16	3.17～3.20	无
1989	2.19～3.10	3.11～3.20	无
1990	2.19～3.3	3.4～3.19	3.20

※不确定自己是什么星座的，可以上星吧网查询（xingbar.com.cn）。

表二　不同金星星座的阳历出生日期

年	金星摩羯	金星水瓶	金星双鱼	金星白羊	金星金牛
1950	无	2.20～3.21	无	无	无
1951	无	无	2.20～2.24	2.25～3.21	无
1952	2.20～2.21	2.22～3.16	3.17～3.20	无	无
1953	无	无	无	2.19～3.14	3.15～3.20
1954	无	无	2.20～3.11	3.12～3.20	无
1955	2.20～3.4	3.5～3.21	无	无	无
1956	无	无	无	2.20～3.7	3.8～3.20
1957	无	2.19～3.1	3.2～3.20	无	无

年	金星摩羯	金星水瓶	金星双鱼	金星白羊	金星金牛
1958	无	2.19～3.20	无	无	无
1959	无	无	2.20～2.24	2.25～3.20	3.21
1960	2.20	2.21～3.15	3.16～3.20	无	无
1961	无	无	无	2.19～3.20	无
1962	无	无	2.19～3.10	3.11～3.20	无
1963	2.20～3.4	3.5～3.21	无	无	无
1964	无	无	无	2.20～3.7	3.8～3.20
1965	无	2.19～3.1	3.2～3.20	无	无
1966	2.19～2.25	2.26～3.20	无	无	无
1967	无	无	2.20～2.23	2.24～3.20	3.21
1968	2.20	2.21～3.15	3.16～3.20	无	无
1969	无	无	无	2.19～3.20	无
1970	无	无	2.19～3.10	3.11～3.20	无
1971	2.20～3.3	3.4～3.21	无	无	无
1972	无	无	无	2.20～3.6	3.7～3.20
1973	无	2.19～2.28	3.1～3.20	无	无
1974	2.19～2.28	3.1～3.20	无	无	无
1975	无	无	2.20～2.23	2.24～3.19	3.20～3.21
1976	无	2.20～3.14	3.15～3.20	无	无
1977	无	无	无	2.19～3.20	无
1978	无	无	2.19～3.9	3.10～3.20	无
1979	2.20～3.3	3.4～3.21	无	无	无
1980	无	无	无	2.20～3.6	3.7～3.20
1981	无	2.19～2.28	3.1～3.20	无	无
1982	2.19～3.2	3.3～3.20	无	无	无
1983	无	无	2.20～2.22	2.23～3.19	3.20～3.21
1984	无	2.20～3.14	3.15～3.20	无	无
1985	无	无	无	2.19～3.20	无
1986	无	无	2.19～3.8	3.9～3.20	无
1987	2.20～3.3	3.4～3.20	无	无	无
1988	无	无	无	2.20～3.6	3.7～3.20
1989	无	2.19～2.27	2.28～3.20	无	无
1990	2.19～3.3	3.4～3.20	无	无	无

※不确定自己是什么星座的，可以上星吧网查询（xingbar.com.cn）。